# 社会工作游戏集

SHEHUI GONGZUO YOUXIJI

刘世颖 著

——社会工作微观实务领域的探索与实践

中国社会出版社

国家一级出版社 · 全国百佳图书出版单位

**图书在版编目（CIP）数据**

社会工作游戏集 ：社会工作微观实务领域的探索与实践 / 刘世颖著. -- 北京 ：中国社会出版社，2019.10（2024.11 重印）
ISBN 978-7-5087-6234-0

Ⅰ.①社… Ⅱ.①刘… Ⅲ.①社会工作 Ⅳ.①C916.2

中国版本图书馆 CIP 数据核字（2019）第 220912 号

**社会工作游戏集：社会工作微观实务领域的探索与实践**

**出 版 人：**程　伟
**终 审 人：**李　浩
**策划编辑：**朱文静
**责任编辑：**张　杰
**装帧设计：**时　捷
**出版发行：**中国社会出版社
（北京市西城区二龙路甲 33 号　邮编 100032）
**印刷装订：**河北鑫兆源印刷有限公司
**版　　次：**2020 年 5 月第 1 版
**印　　次：**2024 年 11 月第 5 次印刷
**开　　本：**170mm × 240mm　1/16
**字　　数：**274 千字
**印　　张：**18.25
**定　　价：**42.00 元

---


客服热线：（010）58124852　投稿热线：（010）58124812　盗版举报：（010）58124808
购书热线：（010）58124841；58124842；58124845；58124848；58124849

# 序言
# PREFACE

社会工作在我国已经发展了三十多年，2011 年中组部等 18 部门联合发布了《关于加强社会工作专业人才队伍建设的意见》等一系列政策背景下，社会工作迎来了发展的春天。本土社会工作在向专业化大踏步迈进的过程中，如何精耕理论和做细实务是制约社会工作专业服务的两大方面。1999 年笔者在吉林大学攻读社会工作本科，与社会工作有了第一次亲密接触，从事社会工作教学十余年来，深刻体悟到社会工作从理念到方法都非常具有独特性，在以个人利益为中心的现实社会中，它高举利他主义的大旗，像一股清流温暖着人心，闪耀着人性的光辉。

党的十九大报告指出，我国社会主要矛盾已经转化为人民日益增长的美好生活需要和不平衡不充分的发展之间的矛盾。社会工作以服务对象的利益为中心，主张公平正义，促进个人以及社会的福祉，成为社会和谐的重要力量。然而在社会工作服务活动开展过程中，还会有各种各样的声音质疑社会工作的专业性，笔者以为其中一个关键点就是服务的“最后一厘米”没有打通，服务对象没有从一线社会工作者身上、从社会工作机构的活动中感受到社会工作的专业魅力，而社会工作的理念和理论是要通过具体的服务技巧所体现的，游戏作为一种重要的工作技巧能有效提高服务质量，增加服务对象的认同感。在十余年的教学与实践中，无论是在面对服务对象还是在培养学生时，都让我切身感觉到，当对方搞不明白社会工作是干什么的，也不知道社会工作有没有用的情况下，一场适合的游戏可以放松了戒备，愉快了心情，产生了好感，引发了兴趣，传递了服务，改善了关系，构建了支持，产生了力量。因此，借由轻松的社会工作游戏收获服务对象以及本专业学生的认可，我们何乐而不为呢?

目前通过书籍、网络等各种媒介平台可以看到一些社会工作游戏的资料，但质量参差不齐，有些游戏虽然有一定娱乐性，却不能在使用中体现专业目标，在实际运用中也常常让参与者有种“小儿科”的感觉。特别是没有对如何使用游戏实现专业目标作出引导性说明，这令使用者不能领会使用游戏的意图，更不能根据实际需要灵活应用。另外目前学界对社会工作游戏的重要性普遍缺乏重视，对现有素材的梳理也十分有限，没有一本书或者教材既系统全面又有指导意义地整理社会工作游戏，这使得从事一线实务的社会工作者或其他游戏使用者缺少提供专业服务的工具支撑。

## 本书的几大特点

### 注重实用

社会工作的发展不仅有外在环境资源支持不足的问题，还有社会工作本身向纵深处发展，更加细致化以及操作化的问题。实务性是社会工作的第一大特性。社会工作专业教学和服务中各种游戏的使用是必不可少的，历经多年实践也有大量被证明能够有效提升服务效果的游戏，但是比较分散或仅限于个人经验，没有系统整理和细致说明，这给使用者带来很大的麻烦。本书既精选整理了目前常见的经典社会工作游戏，又给出了许多在实践教学中积累的自创游戏，对近两百个游戏的梳理，满足了一线社会工作者服务需要。并且本书按照使用需要对游戏进行分类归纳，以便于使用者查找，又针对社会工作三大直接方法，给出游戏技巧如何在个案工作、小组工作和社区工作中应用。针对不同的服务群体（社会工作服务常见的服务群体），给出特别适用于老年人、青少年和亲子的各类游戏。不仅如此，还依据社会工作者在服务中最常用到的功能目标进行分类，从相互认识、破冰暖场到解压、增能、团建等各类主题游戏，再到价值讨论、评价分享类游戏，十二个类别尽可能地囊括了服务活动中可能涉及的所有情况。

### 凸显专业

游戏技巧是社会工作服务传递的最末端，对游戏技巧的恰当运用可以大大提升社会工作的实务性，彰显社会工作的专业性。本书不仅分类整理了各种常见游戏，还依据以往带领经验对每个游戏的适用性进行讨论，并给出社会工作者引导游戏分享的重点。包括对游戏本身的综合评价，指出带领游戏过程中的重点和难点，提示各环节可能出现的问题，以及社会工作者如何引导参与者思考和分享，这些注意事项的说明，使使用者不仅知道了游戏的规则还理解了为什么如此设计和引导，有助于一线服务者摆脱心里清楚却不知从何下手的窘境，更好地理解游戏和使用游戏，提升专业自信。

### 经验凝结

本书涉及的游戏都是经过教学实践或在机构服务中使用过的，是经过实践检验具有很强操作性的游戏。不单纯是对于游戏规则的简单介绍，更多是通过对游戏的讨论，提出适用性的意见。书中提供有关真实游戏场景的图片资料和社会工作者感受实录有助于使用者更好地理解游戏和引发共鸣。

### 体例创新

在对游戏的书写体例上，注重读者可读可视性，让游戏立体鲜活跃然纸上。在游戏内容编排上不仅包括游戏名称、专业目标、适合人群、适宜人数、建议时间、场地要求、物资准备、游戏规则八个基本部分的详细阐释，还加入第九部分对使用游戏的适用情况和注意事项作出说明，并在第十部分对社会工作者如何通过游戏进行专业引导作出提示，最后分别插入“为师者说”“参与者说”“游戏贴士”“示例漫画”等辅助学习的内容，让读者通过亲历游戏者的感受和经验，更加立体深入地体会游戏的精要和使用的诀窍。

### 灵活有效

本书提供的大部分游戏都可以看作是游戏元素，可以根据需要进行排列组合，形成新的游戏，也可以将各种游戏通过合理过渡串联在一起，形成主题活动。例如针对一外来务工青年群体开展互助小组服务，首先用“1、2”报数的方式分组，然后让每组“共绘队旗、共唱队歌、共演队姿”进行团队建设，接着引入主题活动“价值观拍卖会”，分享讨论价值观和人生观问题，最后使用评价性游戏“人体温度计”评估活动。开放性看待游戏和灵活性组合游戏，有助于社会工作创新游戏，避免游戏枯竭现象。

刘世颖

2019 年 6 月 26 日

# 目录 contents

# 目录 contents

# 第一章

# 社会工作游戏的概念与原则

社会工作游戏集

# 第一节　社会工作游戏概述

## 一、社会工作游戏的概念界定

### （一）什么是游戏

日常生活中，我们对于“游戏”这个概念并不陌生。游戏自古有之，最早的雏形可以追溯到人类原始社会扔石头、掷长矛等活动，这些早期的游戏显然以增强生存技能为初衷。随着社会进步，游戏演化为两大类：一类是益智类，如棋牌、猜拳类，这些游戏不单是输赢的较量，更提高了人在游戏中对自己和他人心理活动的认知，同时还要考验参与者承受失败风险的能力。另一类是竞技游戏，主要是以追逐、接力或依托球、棒等器材实现双方能力的较量，这类游戏不仅促使人类挑战自己的身体极限，还有很强的趣味性和参与性。近些年来，随着信息时代的到来，电子游戏成为游戏家族里面的新宠，这类游戏侧重纯粹的娱乐性和刺激性，抹杀了游戏原本的严肃性和文化价值。与此同时，游戏的学科价值也被越来越多地发现，在心理治疗和亲子关系等多个领域形成了“游戏力”等相关研究和实际应用，游戏的功能性被挖掘出来。

《辞海》将游戏定义为：“以直接获得快感为主要目的，且必须有主体参与互动的活动。”从这个定义不难理解，游戏需要具备有趣性和参与性两个基本特征。游戏是生命的本质，是人类社会为了自身发展需要而创造出的多种多样的活动。游戏也并非仅以娱乐为目的，而是一个严肃的人类自发活动，拥有生存技能培训和智力培养的目标。德国诗人和哲学家席勒认为：“人类在生活中要受到精神与物质的双重束缚，在这些束缚中就失去了理想和自由。于是人们利用剩余的精神创造一个自由的世界，它就是游戏。这种创造活动产生于人类的本能。”

通过对人类历史上游戏产生和发展的历史进行梳理，可以将日常生活中我们常见的游戏分为几大类：一是打闹游戏，这类游戏没有特别严格的规则设计，比较随性，大多有身体的冲撞和接触，多见于儿童和青少年等同龄群体互动之中，例如追逐嬉戏、互相角逐。二是娱乐游戏，主要是通过有趣的环节设置，让参与者产生一定的互动，形成有趣的氛围，例如丢手绢、跳格子、躲猫猫等。三是竞赛游戏，这类游戏主要目的是通过比较参赛者某方面能力的强弱，区分胜负输赢，一般参赛者有一定心理压力和较强目的性，例如体育比赛、演讲比赛等。四是电子游戏，这类游戏是建立在计算机及网络技术搭建的虚拟平台上，具有一定匿名性和成瘾性。五是功能游戏，这类游戏具有特定的使用对象和使用目的，是为实现某种专业目标而实施的手段，具有工具性和专业性的特征。例如沙盘游戏可用于了解儿童的心理状况。

### （二）什么是社会工作游戏

社会工作者在开展服务时，经常会借助“游戏”的形式来活跃现场气氛、增进组员互识、提升服务效果。那什么是社会工作游戏呢？社会工作游戏与普通游戏有什么不同呢？社会工作游戏是指在社会工作服务活动实施过程中，以服务对象某项需求满足或功能提升为目标，有意识地运用游戏技巧设计行动规则，使参与者在游戏过程中引发讨论和思考，从而解决实际问题，提升个人功能的实务技能。社会工作游戏也可称社会工作专业游戏，属于功能性游戏，它不仅体现在使服务对象功能恢复的治疗性作用上，还具有预防问题产生和发展服务对象的专业目标。社会工作游戏与普通游戏相比具有目的性和计划性，这与普通游戏只注重游戏器材的准备和提供不同，社会工作游戏不仅要准备游戏所需物资，还需准备好合适的场所和环境，而对于游戏的诠释则是使用社会工作游戏的重点。社会工作者作为游戏的设计者和引领者，应该很清楚游戏只是一种工具，须通过这种工具带出活动的主题，引发参与者的思考，进而触动参与者的改变。因此社会工作游戏的重点往往通过游戏设计引发参与者的思考，促进专业目标实现。这是社会工作游戏与普通游戏不同的地方，也是考验社会工作者专业能力的重要环节。

### （三）社会工作游戏的特点

社会工作游戏既有对以往游戏的吸收借鉴也带有明显专业特征。社会工作游戏具备以下几个特点：一、专业性，社会工作游戏是在具备社会工作专业知识和理念的社会工作者主导下，针对有服务需求的参与者所设计的一系列专业活动。二、目的性，活动目的是结合服务对象需求实现一定的专业目标，作为服务对象的参与者的自我成长才是社会工作游戏的落脚点。三、教育性，社会工作游戏不单纯追求游戏的刺激好玩，而是要通过游戏过程，触动参与者的内心，进而促进其成长和改变。四、灵活性，社会工作游戏在实践和经验基础上虽然有一定的规律可循，但总的原则还是以“此情此景”作出临时性调整和应对，最终目的是通过营造良好的游戏氛围实现服务对象的改变。五、互动性，无论社会工作游戏的形式如何，其目的都要指向社会工作者与参与者或者参与者之间的互动联结。因为游戏是以治疗或成长为目的，所有参与其中的人都不是一次性关系，通过游戏互动形成的支持性关系，才是实现社会工作者服务的根本保障。六、组织性，社会工作游戏都是在社会工作者认真讨论下，针对服务对象的成长需要而设计的有组织有准备的活动。并且虽然现场带领游戏是核心环节，但它与前面的活动设计与后面的服务评估是一体的，共同构成社会工作游戏的整体。七、操作性，社会工作游戏在整个社会工作过程中是最为微观的工作层面，也是能让服务对象产生直观感受的层面，是社会工作服务的落脚点，必须具有可操作性，否则整个社会工作服务就会流于表面。总之，社会工作游戏既不以参与者的娱乐为目的，也不以相互竞争为重点，而是以服务对象需求满足和成长改变为目标。当社会工作者使用社会工作游戏时，要把重点放在专业目标的实现上。

## 二、社会工作游戏的地位和价值

### （一）社会工作游戏的专业地位

社会工作作为一个在发达国家和地区已经发展了100多年的成熟专业和职业，具有一套完整的学科体系：理念—理论—方法（及技巧）—实践。而实务性无疑是其最大特征，如何将服务的理念通过理论和直接或间接的方法运用于服务对象，又如何将方法细化为可操作的行动，是关系服务成败的关键。相对于社会工作的其他组成部分，技巧是最微观的层面，而游戏就是能够将技巧巧妙地发挥运用的一种具体形式。社会工作游戏将专业理念、理论和方法有效实施出来，让服务对象在轻松有趣的氛围中，接受专业服务，实现助人自助。可以说，社会工作游戏是打通社会工作服务的“最后一厘米”，在整个专业体系中是不可缺少的专业环节。以往实践中专业服务等得不到认可，也就在于这通向服务对象心灵之窗的“最后一厘米”没有打通。因此，在加强本土化理论研究的同时，注重社会工作实务技巧的摸索，也是社会工作专业发展的重要方面。

游戏技巧是技术活儿，这就决定了游戏技巧来源于反复实践和经验总结，社会工作的实务在全国范围内的全面铺开以及长足发展已经需要我们从更加微观的角度总结提炼一些具备可操作性的技术技巧，这不仅是专业向纵深度发展的必要，也是让服务对象准确体验到社会工作专业性的必要。

### （二）社会工作游戏的应用价值

游戏自古有之，在人类历史上之所以没有消失，在于游戏体现了生命的本质。面对宇宙的浩瀚、自然的强大和人生的无常，人类文明中早已积淀出一种以游戏的乐观豁达抵御生活苦难的人生智慧。游戏不仅能娱乐大众，还能发展出积极的亲密互动关系，能够消除隔阂，也能增加信任。所有儿童几乎都具有游戏的本能，即使成人也会被游戏感染，沉浸在游戏状态。扬州市广陵区珍艾社会工作服务站的刘君认为：游戏在社会工作的实务中扮演了“催化剂”的角色，社会工作游戏好像是一把打开活动参与者心灵的钥匙，它的神奇之处就在于它具有如下几种功能：

一是游戏有趣味性的特点，能吸引活动参与者的注意力，让服务对象更容易接受社会工作者和服务目标。

二是游戏有易操作性的特点，游戏使用者一般很容易掌握游戏规则，善于反思的社会工作者还能将游戏配合现场需要灵活使用，这种易于操作的特点，使游戏成为提升服务品质的有效工具。

三是游戏能够营造轻松愉快的活动氛围，消除参与者之间的陌生感，增进组员之间的互动与融合，进而有效地实现专业目的。

四是通过游戏活动带出服务的目标或主题，而不是说教的方式，更有利于参与者接纳社会工作者的服务，也有利于参与者的自查和反思。

五是游戏过程是一个相互学习的过程，参与者在相互模仿中，改进不良行为，学习新的技巧，提升意识水平。

# 第二节　社会工作游戏的使用原则

## 一、社会工作游戏的类型划分

目前学术界并没有对社会工作游戏进行细致的划分，依据 2017 年《中国社会工作学报》对几位一线社会工作者的采访，对于社会工作游戏的类型的讨论有几种说法：江苏省常州市福利院的朱佳认为："对于我接触的服务对象来说，游戏通常分为语言类和动作类，也就是坐着玩的游戏和站起来玩的游戏。"广州市东环街家庭综合服务中心的崔伟杰认为："社会工作游戏通常以团体游戏为主，团体游戏又分为破冰游戏、沟通合作游戏、康乐游戏、促进关系游戏、学习游戏等。"香港注册社会工作者伍美娇认为："小组的游戏可简略分为两大种类，分别是热身游戏和主题游戏。"可以看出，目前实务社会工作者已经从大类上对社会工作游戏有了不同的认识，而本书会从更加贴近使用者使用习惯和需要的角度，进一步细分。细致的分类有利于凸显社会工作实务发展的专业化程度，同时也极大地方便了使用者的查找和使用。根据服务过程中的实际使用需要，将社会工作游戏划分为以下几种类型。

1. 依据使用习惯将游戏划分为 12 个常见的类型

（1）破冰暖场类：热身游戏主要是以一种快速的方式吸引参与者的注意力，令他们投入，并打破陌生人之间的僵局，营造活跃的氛围，为接下来的主题活动打好基础。所以这种游戏的趣味性很重要，应尽量避免重复使用。例如"大风吹"游戏就很好地活跃了现场氛围。

（2）自我认知类：社会工作是以服务对象的自助成长为根本目标的，服务对象的问题往往与对自我缺乏正确认识、对自我成长缺乏检讨所致，所以帮助服务对象自我探索和自我认知是推动其成长和改变的关键，例如通过"画出生命线"游戏使服务对象回归了解自我成长的重要经历，对未来人生有了主动性和积极态度。

（3）相互认识类：游戏的参与者往往相互不熟悉，大部分情况需要社会工作者帮助他们迅速建立相互熟悉的关系，为后面活动的展开奠定一个信任、和谐的基础。例如“凤凰飞”游戏，可快速让参与者互相熟记姓名，并有相互合作和接触。

（4）人际交往类：服务对象问题也常常聚焦于与他人沟通交往不畅，无法有效建立和谐关系上，因此人际交往类游戏可以使参与者掌握沟通技巧，提升交往能力，例如“照镜子”游戏让参与者从镜子中他人的反馈觉察自我行为问题，改变交往习惯。

（5）个人增能类：服务对象也常常出现对自我认可偏低，不相信自己的情况，通过增能游戏可以挑战他们自己的不足，增加自我认可。

（6）团队建设类：这是各类团体和单位常用的游戏形式，目的在于增强团队合作和集体意识，例如“七手八脚”游戏，让参与者通过合作完成任务形成团队凝聚力。

（7）选人分组类：许多时候社会工作者需要对参与者进行选人或者分组，这时候游戏的使用可以避免尴尬和冷场，例如“逢 3 拍手”游戏既能抓住参与者的注意力又能确定出人选参加后面的游戏活动。

（8）放松解压类：为缓解服务对象紧张情绪或者为调整活动节奏，往往可以通过放松解压游戏达到意想不到的效果，例如“眨眼传数字”游戏，通过眼部运动传递数字既放松眼睛又活跃氛围。

（9）趣味运动类：运动类的游戏特别适用年轻人，能增加活动吸引力。有时候长时间静态游戏活动之后也可以使用运动游戏调整节奏，避免参与者疲劳。例如“扔沙包”游戏，通过沙包的相互传递，既运动了身体也无形中拉近了组员间的关系。

（10）体验分享类：通过某些情景或角色的体验，使参与者有意识地换位思考，提升解决问题的能力，既能让参与者体会到残疾的不便，也能引发对如何助人的思考。

（11）价值讨论类：能够通过游戏的形式引导参与者进行严肃的思考是社会工作游戏的要义，讨论游戏可以让参与者饶有兴趣地参与讨论过程，通过参与过程澄清自己的价值观，引发现场的价值讨论。例如“冰海沉船”，让参与者思考谁获得生存机会优先权问题，了解自己的价值取向，并通过他人分享看到价值的多元性。

(12) 评价反馈类：游戏的过程中，特别是中后期阶段，需要参与对象通过相互评价或者对游戏活动的反馈评价，巩固活动成果。例如“收获树”游戏，让参与者有机会总结和表达，同时也有利于活动效果的展现。

2. 依据服务对象的群体特征分类

(1) 青少年游戏。根据青少年身心发展的特点和需要，设计具有教育和形塑功能的游戏，如缺乏自我认知，不善沟通交往，学习困境等。例如“取绰号”游戏，让青少年了解被取笑的心情，学会换位思考。

(2) 老年人游戏。针对老年人群体特征和需要，如喜欢回忆、寻找价值感、养生保健等设计游戏活动，让老年人通过游戏放松心情，增强自信，找到生活的乐趣和价值。例如“情绪标签”游戏，对不同年龄段贴上不同纸质标签，借此引导回忆过往和分享所得。

(3) 亲子游戏。针对亲子冲突和关系不良，通过游戏形式增加良性互动和沟通，改善亲子关系。例如“期待对冲”游戏，让亲子双方都觉察到期待带来的压力，并学会主动应对。

3. 依据社会工作三大直接方法分类

(1) 游戏在个案工作中的应用。个案工作游戏技巧主要体现在社会工作者与案主的面谈过程中，面对案主的各种困境，倾听、表达都需要较高的技巧性，适当地使用游戏可以促进双方更好的互动，有利于目标的达到。例如“意义重构”游戏，让案主从正面看待自己，形成积极思维方式。

(2) 游戏在小组工作中的应用。小组工作是针对一群人的工作方式，特别适用于游戏的形式，既能活跃氛围形成信任关系，也能引出主题，避免说教。例如“突破重围”游戏，让参与者有机会体会团体排斥带来的不适，也能形成小组成员互动，活跃氛围。

(3) 游戏在社区工作中的应用。社区工作面对社区全体，社区动员是社区工作的重点和难点，游戏的形式更易于被居民接受，带动居民参与社区事务。例如“志愿服务银行”游戏，调动了社区居民参与社区志愿服务，达到挖掘社区资源解决社区问题的目的。

然而，类别划分只是为了使用方便，把握当下的实际情况，根据服务对象的需要设计和运用游戏活动才是社会工作者最应掌握的技巧。

## 二、使用社会工作游戏的常见问题

### （一）对游戏的认识不足

社会工作游戏是社会工作专业社会服务的“最后一厘米”，直接关系到服务对象的满意度和认可度。而在一线服务中对游戏的价值还没有被充分认识到，使用的游戏缺乏新意，且专业性不强，不能达到参与者的心理预期。这与学界对于微观实务层面的社会工作游戏重视不够，研究和挖掘不足有一定关系。

### （二）对游戏的使用不当

游戏一般有使用的限制，并不一定适用于所有群体。错误地使用，会引发参与者的不适，导致社会工作者与服务对象的信任关系无法建立。与此同时，社会工作者也不能以个人的主观判断代替服务对象的判断。例如认为老年群体语速迟、反应慢、行动缓，很多游戏有一定难点，老年人不能玩，直接把一些游戏排除在外。但老年人也有学习新知识、更新旧观念的需要，也有改变的可能。所以对于游戏的使用范围要经过审慎讨论。

### （三）对游戏规则表述不清晰

游戏技巧的必要部分就是对游戏规则的说明，只有清晰地表述出来，让参与者理解游戏规则，才能保证游戏的顺利进行。而现实情况往往是游戏带领者没有充足的经验，规则介绍不全面，让游戏出现不顺畅，影响实施效果。

### （四）游戏准备不充分

社会工作游戏的实施是需要对游戏所需物资和所在环境进行充分考察和准备的，有时候还要根据现有条件进行变通。不仅如此，还要对游戏细则和可能出现的问题进行事前讨论。

### （五）游戏带领问题

社会工作者作为游戏的设计者和带领者，常常将自己居于中心地位，过于控制游戏进程和参与者的表现，与参与者连接不畅，导致参与者不能全然投入。相反，好的带领者不一定是强势控场，而是会激发参与者主动性，使参与者沉浸其中。

（六）游戏枯竭问题

由于很多经典的游戏会在各种场合被广泛地使用，所以服务对象难免会对这些游戏失去新鲜感，发出“又来了”的感叹。社会工作者获得游戏的渠道较少，往往大家只知道本机构的社会工作者在用什么游戏，缺少更大范围内的信息互通。同时，社会工作者的创新性和学习的主动性较弱，存在等待别人开发新游戏，而不知道灵活变通。其实一个小游戏，从某些方面适当转化就能够让服务对象有不同的感受。

（七）过于游戏化问题

游戏是达到专业目标的手段，而不是活动的主体，简单叠加使用游戏，没有通过游戏设置引发参与者思考，游戏就不能达到既定目标，而且单纯的娱乐效果不能保证服务效果的持续性。

## 三、社会工作游戏的使用原则

掌握更多的游戏是一线社会工作者的迫切需要，然而知道的游戏多并不代表会使用游戏，游戏技巧一方面来源于经验的积累，另一方面在于善于反思游戏环节，把握游戏规律和原则。

（一）动静结合原则

社会工作游戏可以单个使用，也常常需要组合使用，社会工作者通过一连串的游戏活动，带出主题，促进目标达到。为避免过度游戏带来参与者疲惫感，游戏与游戏之间要注意动静结合，例如过于活跃的游戏之后，连接比较安静的游戏活动。这样的节奏设计不会带来现场的混乱，有助于服务对象逐步打开。

（二）时间控制原则

游戏过程中，要根据参与者的状态调控游戏时间，既要让游戏达到高潮，参与者能充分参与其中，并乐此不疲，也要避免过度劳累，影响后面的活动。游戏时间长短还与参与人数有关系，人数少时，每个组员都已经充分参与了，时间缩短。人数多时，为保证大家都能参与其中，可以延长时间。

### （三）适度空间原则

游戏参与者所处空间位置会在很大程度上影响参与效果。例如椅子呈圆形摆放，还是成排摆放，就会影响参与者相互之间沟通。再比如参与者总是坐在最后排，也要把他请到圆圈就座。组员之间的相互距离远近也能折射出他们之间的关系。一般小组初期，组员的座位可以适当拉开距离，小组后期拉近距离。

### （四）充分准备原则

社会工作游戏前的准备既包括游戏所需物资的准备，也包括对游戏过程的预估和讨论。社会工作游戏常常不需要特别的器材或者比较倾向于就地取材。如“七彩带”游戏，可以将彩带换成几张 A4 纸。而活动前的社会工作者讨论环节却是不可缺少的。因为游戏带领的好坏取决于社会工作者对游戏的理解和现场的诠释，不同的理解会将游戏带到不同方向，例如“盲人与拐杖”游戏，可以将引导重点放在体验不能说话和看不到的心情和感受上，也可以重点讨论如何沟通才能更好地帮助他人。

### （五）分工合作原则

社会工作游戏的带领者需要团队通力合作才能保证游戏活动顺利进行。例如一个人在讲解规则的时候，其他人演示出来，社会工作者相互之间配合以及合理分工显得非常重要。在正式带领社会工作游戏之前，需要社会工作者团队演练磨合，增加配合的默契度。带领团队的分工既要有各自的职责，又要相互配合，要给服务对象留下团队整体感觉。同时在分组游戏中最好每组配有一名社会工作者，协助小组完成任务，也就是说游戏过程中与服务对象有融合的感觉。

### （六）社会工作者控场原则

社会工作者是游戏的设计者、组织者和带领者，控制全场因素，保证活动顺利进行，是社会工作者的重要能力。特别是对于一些规则复杂的游戏活动，或参与人数较多的活动，需要社会工作者有很强的控场能力。然而也要注意不要过于强势，“弱势的社会工作者”有时候会得到意想不到的参与者的喜爱，更容易建立信任关系，所以在强势与弱势之间需要社会工作者拿捏得当。

（七）注重分享原则

社会工作游戏的根本目标不在于娱乐性，而是要通过社会工作游戏引导参与者进行思考和分享，所以活动后的分享环节是十分重要的。社会工作者在每次活动结束后，都会有分享总结环节，此环节可以让服务对象畅谈自己的感受、提出意见和建议。社会工作者应尊重每一个参与者的感受，给予同等机会，并借机多鼓励不爱发言的参与者，增加他们的自信。引导分享可以先从感受出发，再引导参与者深入的理性思考，最后达成小组共识。同时在活动结束后，还可以与共同开展活动的社会工作者进行交流，对活动进行反思，分析游戏的设置与带领需要注意和改进的地方，这样才能加深对游戏的认识和理解。

（八）气氛营造原则

社会工作游戏要想达到引导参与者投入其中，最重要的是营造出良好的氛围，例如小组末期可以用温暖语言进行开场白，引导出大家的离别情绪，然后用“祝福树”升华大家的感情。

（九）关系为本原则

社会工作游戏是否成功，除了良好的氛围还有一个重要的标准就是社会工作者与参与者之间，参与者相互之间是否建立了信任的关系，这是开展后面服务活动的基础，如果游戏没有带来关系的提升，游戏的意义不复存在。

（十）安全第一原则

有些社会工作游戏需要较大的动作，也可能会有相互的碰撞，所以需要社会工作者充分关注参与者的安全，游戏过程中时常提醒。另外还要在游戏之前，就从安全的角度考虑场地安排和适合人群，做到万无一失。

（十一）灵活处理原则

社会工作游戏虽然都有明确的游戏规则，但是在使用过程中要根据现场情况灵活运用，不能因为固守规则，限制参与者的真实想法和表达。例如“突破重围”游戏，游戏设定一个人在圆中心突围，但是很长时间中间的人不能突破，社会工作者可以明显感到他很沮丧，想要放弃，这时候可以改变规则，让中间的人邀请他人合作，帮助自己一起突围，这样做增强了突围者的信心，也能体现团体成员互助的精神。当然能够灵活运用游戏需要社会工作者有一定的实务经验，要时刻做到以案主为中心。

（十二）案主中心原则

要根据服务对象年龄、性别、性格、能力等特征设计游戏活动，要深入了解服务对象的需求，避免主观臆断。在游戏过程中要让服务对象感到安全和舒服。要考虑到小组成员之间的相互关系和熟悉程度，选择不让参与者感到尴尬的游戏设置。社会工作者最应关注的不是游戏能否成功完成，而是参与者的内在感受。例如“空椅子”游戏，如果案主在表述过程中，情绪激动，忘记了时间限制，社会工作者应该给予足够时间，让案主充分表达出来，因为这对案主是个难得的机会。

（十三）支持鼓励原则

社会工作者往往会通过游戏，发现参与者缺乏信心的问题，抓住游戏过程中的每一次机会，回馈给他不带有批判的正面的鼓励信息，有助于调动参与者热情，增加其自信和对社会工作者的认同。

（十四）开拓创新原则

社会工作游戏不能总是老几样，要不断推陈出新，可以参考现有的游戏，对一些游戏稍加变化，并非一定要对整个游戏进行创新，可以对游戏的意义进行创新、对游戏的规则进行创新或对游戏中所需要的道具进行创新等。例如原来用语言的改成用肢体，给游戏赋予一个背景故事增强趣味性等。

### （十五）角色定位原则

社会工作者在游戏之初就要明确自己是否作为游戏一员参与其中，还是仅仅作为组织者，这两种角色适用于不同游戏，也会带来不同效果。一般作为其中一员参与游戏，可以迅速拉近与组员的距离，也能更好判断游戏哪个环节有问题以作出及时调整。而作为组织者带领游戏，会更好地观察参与者的心理变化，给出正确反馈，增加服务对象的认同。

第二章

# 针对特定人群的应用

社会工作游戏集

# 第一节　青少年游戏

## 01 画鼻子

**专业目标** 通过画鼻子游戏，提高参与者之间的互动与相互合作能力，增加彼此的信任感，并且调动参与者的积极性与主动性，使其全都参与到集体中来，活跃现场的氛围。

**适合人群** 青少年人群。

**适宜人数** 以2—40人为宜，当人数过多时，社会工作者要注意使用扩音设备，保证游戏的安全性；当人数过少时，游戏效果可能不太明显。

**建议时间** 以5—20分钟为宜，可以根据现场效果，适当调整游戏时间。

**场地要求** 空旷安静的室内。

**物资准备** 眼罩若干、黑板、粉笔若干。

**游戏规则**

- 将参与者分为两个人一组的小组，按小组参与游戏。
- 小组中的一个人在距离黑板5米处，戴上不透光的眼罩，然后社会工作者在黑板上画一无鼻子人像。该小组成员原地转五圈后在小组另一个成员的语言指示下蒙眼前行。
- 随后戴眼罩的成员在另一个成员的指示下，在黑板上画上人像的鼻子。
- 游戏结束后，参与者分享自己在做游戏时的感受以及自己的收获。

**适用说明**

- 该游戏对场地要求较高，需要选择平坦的地方进行，防止参与者摔倒。
- 游戏过程中，现场需要保持安静，社会工作者注意控制现场的秩序。同时下达指令的参与者声音要清楚洪亮。

• 游戏可以进行两轮，第一轮游戏中戴眼罩的参与者不可以说话，体验到单向沟通的困境，第二轮合作的两人可以相互沟通。

• 游戏过程中，社会工作者注意观察参与者的神态，在游戏结束后，引导他们说出自己的感受。

### 社会工作者引导

社会工作者应引导参与者从游戏的趣味与合作的感受出发，进而感受到伙伴之间相互合作的重要性。社会工作者可针对画鼻子的参与者提出问题："你觉得蒙着眼睛画鼻子最大的困难在哪？""当同伴在旁边指导的时候你是不是完全按照他的指令走？""你认为你们之间配合怎么样？""你觉得怎样你们才能将鼻子画得更完美？"社会工作者可针对指导画鼻子的参与者提出问题："你认为指导同伴画鼻子有困难吗？""当对方的动作跟你的想法不一致时你有什么感受？""如果再来一次的话你会怎样指导同伴？"社会工作者可以向其他观看的参与者提问："看完他们的表现，你有什么感受？"

### 参与者说

在游戏中我体验了蒙上眼睛听指令画画的角色，第一次尝试我被要求戴上眼罩，其实画鼻子的过程非常简单：鼻梁、鼻头、两个鼻孔，但因为不能说话只能听同伴的指令，所以我很难根据他的指令准确找到鼻子应该画在什么位置、应该画多大，更不用说画出一个比较漂亮的鼻子了。第二次尝试我可以向同伴提问和交流，可以随时问："对不对？""是这样吗？"等，甚至可以一起讨论应该把鼻孔画得多大以不至于把人像画成鼻孔外翻的猪鼻子。当然，虽然在第二轮中我和搭档一起画出了一个我们比较满意的鼻子，但用时却较长。虽然之前就明白单向沟通和双向沟通的优缺点对比，但真正在一个场景中去切身体验，这是第一次，我想总结我感受到的几点：针对单向沟通，对发出指令者有着较高的要求，准确清晰的语言表达能力、清晰一致的逻辑思维能力、换位思考的能力都必不可少，对接收指令者则要求较高的理解力和执行力。针对双向沟通，会让人有很强的参与感，能激发双方的思维，可能会有双赢的结果，也可能会在双方观点相背时成为没有结果的无底洞。这个游戏很有意义，让我觉得无论是哪一种沟通方式，选对了才是好的，要适人适时适事。

## 02 绰号烦恼

**专业目标** 帮助参与者感受到随意给别人取绰号会给别人带来伤害，使参与者学会换位思考，不再随便给别人取绰号。

**适合人群** 青少年人群。

**适宜人数** 以5—20人为宜，当人数过少时，可能游戏效果不佳；当人数过多时，可能给参与者造成的伤害较大，过犹不及。

**建议时间** 以15分钟左右为宜，可以根据现场效果，适当调整游戏时间。

**场地要求** 无特定要求。

**物资准备** 无。

**游戏规则**

- 在参与者中选出平时喜欢给别人起外号的青少年作为中心人物。
- 其余参与者观察中心人物的显著特征，给中心人物起绰号，绰号越贴合中心人物的特征越好。
- 起好绰号后，每人轮流将自己起的绰号对着中心人物大声喊三遍，其间中心人物不能发怒也不能反驳。
- 游戏后参与者分享心情。

**适用说明**

- 在中心人物的选择上，社会工作者要注意选择平时喜欢为别人取绰号的较为调皮的青少年作为中心人物，以增强游戏的针对性。
- 在游戏之后，社会工作者应注意观察中心人物的状态，照顾其心理感受。若其表现出强烈的委屈感，社会工作者可以组织其他参与者给中心人物一些安慰，收回之前所取的绰号；若其在游戏之后仍然没有意识到给别人取绰号的错误，社会工作者也可以通过强化他人给其取的绰号的方式，让其进一步有所感受。
- 社会工作者要注意游戏之后的总结，并提醒参与者在游戏之后大家都不能再叫之前所取的绰号。

**社会工作者引导**

在讨论分享环节中，社会工作者应着重对中心人物进行采访，针对其被别人取绰号的感受入手，引导参与者意识到给别人取绰号是不对的行为。具体问题例如，“当别人给你取绰号的时候你的感受如何？你想不想反驳他们取的绰号呢？”“你平时有没有给别人取过绰号，你认为这是正确的行为吗？”“通过这个游戏，你打算以后怎么做？”

**社会工作者日记**

今天我和舍友小兰一起带领同学们体验换位思考和同理心，通过“绰号烦恼”这个游戏帮助那些爱给别人起外号的同学感受到他们给别人带去的烦恼和伤害。同理心是社会工作者所要具备的基本能力，这能够帮助我们与案主建立良好的关系、更好地理解案主的困境，以帮助他（她）更好地解决问题。同样，在日常生活中，同理心也渐渐成为人们在人际交往中需要具备的一个能力。绰号烦恼是青少年在人际交往中经常面临的一个问题，通过这个小游戏既可以帮助那些爱给别人起外号的同学体验他们曾给别人带去的苦恼，又能够帮助参与者体验同理心的作用，逐渐在人际交往中有意识地用同理心去交往和解决冲突。

游戏前后，社会工作者的引导都非常重要，我们通过不记名投票的方式选出了几个平时给别人起过外号的同学，然后通过自愿参与的方式选出了两名体验者来体验“绰号烦恼”，刚开始两名体验者都抱有好奇和有趣的心理，等游戏开始不久，越来越多的人朝他们喊绰号，我能明显看到两名体验者神情及动作的变化，肢体动作变得僵硬，面部表情也显示出无措，在这时我及时停止了游戏，引导体验者说出自己的感受以正确表达自己的情绪。

## 03 屋顶告白

**专业目标** 帮助参与者抒发心中所想，可以在一个自我感觉安全的环境中放松倾诉出自己想对同伴或家人说的话，帮助参与者缓解压力，放松心情。

**适合人群** 青少年人群。

**适宜人数** 无限制。

**建议时间** 以30分钟左右为宜，可以根据现场效果，适当调整游戏时间。

**场地要求** 空旷的广场与一个相对位置较高的天台。

**物资准备** 扩音器一个。

### 游戏规则

- 邀请青少年参与者以及他想要倾诉的对象来到游戏场地，在广场上集合。
- 参与者走上天台，使用扩音器将自己想要说的话大声对广场上的人表达出来。
- 每名参与者轮流表达。

### 适用说明

- 在此游戏中参与者可以喊出自己想说的任何话，包括表白、埋怨、表达感谢或者说出烦恼均可。
- 天台的距离与广场不宜过近，应保持一定的高度差，以避免使参与者产生说出心里话的紧张与压迫感。

### 社会工作者引导

社会工作者可以分别询问参与者与倾诉对象："你觉得说出这些话之后心情如何？你觉得你跟对方的关系有变得更亲近吗？""听到他对你说出这些话之后，你有什么感受呢？未来你会如何做呢？"以此引导参与者更加贴近与倾诉对象的关系。

游戏贴士

日本屋顶告白大会视频链接：http：//www. iqiyi. com/w_19rv75kbvt. html

## 04 好习惯交换

专业目标 通过参与者的互相交流，使参与者们学到更多好的习惯，同时培养欣赏别人长处、吸收他人的优点为自己所用的能力。

适合人群 青少年人群。

适宜人数 以5—30人为宜，当人数过多时，可能现场秩序较乱，可以采取分组的方式进行；当人数过少时，可能游戏效果不佳。

建议时间 以30分钟左右为宜，可以根据现场效果，适当调整游戏时间。

场地要求 无特定要求。

物资准备 纸笔若干。

游戏规则

- 为每个参与者分发纸笔，在纸上列出自己的一些好习惯。
- 参与者们互相交换自己所列的好习惯清单，并选出一个自己想学习的他人的好习惯。
- 参与者们互相交流自己的好习惯是什么以及如何养成的，学习自己想要学到的他人的好习惯，并对对方表示感谢。

适用说明

- 该游戏尤其适用于自己有一些坏习惯或者比较内向不自信的青少年，帮助他们学习到别人的好习惯并感受到别人向自己学习时自己的成就感。
- 在游戏过程中社会工作者要注意引导，鼓励大家积极分享并向他人学习好习惯。
- 若社会工作者有固定的目标人群，可以在游戏结束之后定期组织参与者进行反馈，检验参与者是否真正学到好习惯、是否会主动学习他人的好习惯。

**社会工作者引导**

社会工作者引导参与者进行讨论，例如，“你收获了什么好习惯?”“你认为学到一个新的好习惯的心情如何?”“当别人向你学习好习惯的时候你的心情如何?”“以后的日常生活中你愿意主动学习他人的好习惯或者分享自己的好习惯吗？为什么?”社会工作者引导参与者分享过程中，注意挖掘参与者潜能，提升自信。

**参与者说**

怎样才能坚持每天学英语、怎样督促自己每周大扫除、怎样做到生活费每月有节余、怎样保持早睡早起的好习惯等，这些都是我一直以来想要向人请教的问题，在好习惯交换这个游戏中我都得到了答案和方法。当然，在游戏中我自己养成好习惯的方法帮助了其他人也让我觉得很开心，并有信心能继续保持我的好习惯。通过这个游戏我也感觉跟同学们有了更进一步的交流和更亲近的感情。真的是一个超级棒的游戏！

## 05 我唱你做

**专业目标** 调动参与者的积极性与主动性，使大家全都参与到集体中来，活跃现场的气氛，同时锻炼参与者的反应能力，提高参与者的注意力，培养参与者的观察能力。

**适合人群** 青少年人群。

**适宜人数** 以4—30人为宜，当人数过多时，社会工作者要注意使用扩音设备，同时要保证参与者的安全；当人数过少时，游戏效果可能不太明显。

**建议时间** 以20分钟左右为宜，可以根据现场效果，适当调整游戏时间。

**场地要求** 空旷安静的场地。

**物资准备** 音响。

**游戏规则**

• 参与者两人一组，其中一人负责唱歌，另外一人负责根据歌曲内容做出相应动作。

• 在未经商量的情况下，负责唱歌的参与者随机唱出一首歌，另一个参与者根据其歌词的内容做出连贯的有衔接性的动作。

• 游戏可以进行多轮，其他参与者可以对整体表演进行点评。

**适用说明**

• 该游戏可以根据现场的情况，两人一组轮流进行，也可以根据参与者的意愿多组同时进行。或者以比拼的方式，一个参与者负责演唱，多个参与者同时做出自己的动作或相互配合做出多人动作。

• 该游戏灵活性较强，社会工作者可根据需要自行调整游戏规则。

• 在游戏过程中，如果参与者人数较多，有可能造成现场秩序混乱，社会工作者要注意把控好现场，同时注意提醒参与者注意安全，防止安全意外发生。

• 此游戏有助于加深参与者的互动关系，活跃现场气氛，帮助参与者更加放松自在地打开自我。

**社会工作者引导**

在游戏中，社会工作者注意观察参与者的动作和表情的变化。游戏结束后，社会工作者可以问："你在游戏中表现得很棒，你能告诉我们诀窍吗？""如果再来一次，你打算怎么做会完成得更好？""在游戏中，发现你笑得特别开心，你能说说你在游戏前后心情有什么变化吗？"引导参与者打开自我，轻松表达感受。

**游戏贴士**

歌曲可以选择《两只老虎》《海草舞》等。

## 06 神灯

**专业目标** 培养参与者乐于助人的精神，提高参与者的自信心，认识到自我的价值。

**适合人群** 青少年人群。

**适宜人数** 以5—30人为宜，当人数过多时，社会工作者要注意使用扩音设备，同时要保证参与者的安全；当人数过少时，游戏效果可能不太明显。

**建议时间** 以30分钟左右为宜，可以根据现场效果，适当调整游戏时间。

**场地要求** 无特定要求。

**物资准备** 无。

### 游戏规则

• 随机选取一个参与者作为“神灯”，喊出口号“神灯神灯我是神灯，我能帮你实现愿望”。此时其余参与者可以想好自己的愿望并举手。“神灯”从举手的参与者中随机选择一个帮忙来实现他的愿望。若“神灯”能顺利实现该参与者的愿望，那么“神灯”继续喊出口号，履行神灯的职能。

• 若“神灯”无法实现参与者的愿望，可以现场求助其他参与者，询问其他参与者能否完成任务，能够完成任务的参与者充当下一任“神灯”。

• 若参与者的愿望没有人能够实现，则可求助于社会工作者，若社会工作者也无法实现，则可以向该参与者表示遗憾并要求他换一个愿望。

### 适用说明

• 该游戏可以进行多轮，尽量让每个人提出的愿望都能被实现。

• 社会工作者可以鼓励比较内向自卑的参与者充当“神灯”，在实现他人愿望的过程中产生成就感，认识到自我的价值。

• 对于现场没有参与者能够帮忙实现的愿望，社会工作者要尽量安慰，防止参与者产生失落感与委屈心理。

• 游戏过程中，“神灯”角色可以由一人担任，也可由实现愿望的参与者轮流担任。

**社会工作者引导**

游戏结束后参与者相互讨论分享感受，社会工作者可以提出以下几个问题引导参与者的思考：“当你能够帮助别人完成‘神灯’的使命的时候，你的心情如何？”“当你的愿望被别人实现的时候你的心情如何？”“你愿不愿意在以后也同样对别人施以援手？为什么？”“你觉得被别人需要的感觉如何？”

**游戏贴士**

这里的愿望最好是较为简单，易于实现的。例如，想要收到一朵花，想要有人帮忙包书皮等。

## 07 七手八脚

**专业目标** 培养参与者在集体中进行决断的能力、沟通解决问题的能力，促进团队成员间的合作。帮助参与者懂得相互合作的重要性，明确每个人在团队中扮演不同角色的意义。

**适合人群** 青少年人群。

**适宜人数** 以 10—40 人为宜，当人数过多时，小组团队成员之间的协商、合作等过程会较为困难，可以分组进行；当人数过少时，游戏效果可能不太明显。

**建议时间** 以 15—20 分钟为宜，可以根据现场效果，适当调整游戏时间。

**场地要求** 空旷平坦的场地。

**物资准备** 无。

**游戏规则**

- 将所有参与者分成 4—10 人一组的团队，通过抬脚、用手着地做出造型，完成社会工作者指令。

• 每个团队的参与者手或脚必须按照要求的数目着地，手或脚的数目是由社会工作者随机喊出，如七手八脚、六手三脚等，要求各团队根据要求完成组合造型。

• 在每个团队完成组合时，要求其团队成员全部参与，即每个成员至少有一只手或一只脚在组合造型中。

**适用说明**

• 在游戏过程中，社会工作者需强调安全，避免出现摔倒等情况。

• 社会工作者对游戏的规则（每个成员至少有一只手或一只脚在组合造型中等）表述应明确，在游戏过程中，社会工作者应结合参与人数的实际情况决定手脚数目。

• 该游戏在氛围被调动起来，参与者热情、活跃时，效果体现较好，团队内的交流、沟通将提高，游戏也会更好地被推动。

• 该游戏同样适用于团队建设类游戏中。

**社会工作者引导**

社会工作者可向表现较为突出的团队成员进行询问：“你为什么会选择在游戏中担当这类（领队或协商）角色？你觉得这个游戏如果想要成功需要哪些因素？”“你觉得在之后团队建设中，需要注意些什么？”“通过这个游戏，你有什么感受和收获？”社会工作者可从团队成员个人定位以及团队成员之间的交流和凝聚发展等作为方向引导提问。

**参与者说**

游戏过程很紧张刺激，大家一开始都很着急，都想快速根据社会工作者指令做出相应的造型，但只是着急的话就适得其反。隔壁宿舍的女孩率先担当了指挥者的角色，大家也都很配合地听她安排，但是一个人的智慧是不够的，很快又有一个女孩在僵局时提出办法，她们两个一起指挥我们整个团队进行游戏。通过这个游戏，我发现每个人在集体中都扮演着不同的角色，利用自己的优势，找到自己合适的角色非常重要；沟通在一个集体中也是必不可少的，但靠一个人想办法、发号施令，这个集体就是死的，大家一起群策群力，这个集体才是活的。

# 08 神回复

**专业目标** 让人们更好地认识情绪，做好对自己情绪的应对以及对他人情绪的理解。

**适合人群** 青少年人群。

**适宜人数** 以10—30人为宜，并且将所有参与者分为2—4人每组为宜。当人数过多时，社会工作者要注意使用扩音设备；当人数过少时，游戏效果可能不太明显。

**建议时间** 以15—20分钟为宜，可以根据现场效果，适当调整游戏时间。

**场地要求** 安静的室内。

**物资准备** 情景卡片。

**游戏规则**

• 社会工作者根据参与人数给出几个特定的情景并设定情景中的情绪主角，选出几个组长分别给出不同的情景，并根据情景卡片中的角色人数招募组员，以2—4人一组为宜。

• 每组成员按分配角色对情景卡片中的情景进行角色扮演，并轮流扮演情景中的情绪主角，在这个特定的情景下观察每个人扮演情绪主角时不同的情绪反应和应对方式。

• 参与者们针对观察到的不同反应进行讨论，寻找恰当的情绪控制方式。

• 游戏结束之后，所有小组对情景角色扮演的过程进行分享，并分享小组的讨论结果。

**适用说明**

• 该游戏适用于对情绪了解和掌控较弱的青少年群体，青少年在成长过程中会出现许多问题，易出现情绪波动以及无法处理自己的情绪，通过情景剧形式，让青少年在轻松、有趣的形式下更好地认识自己的情绪，加强对自身的认识，也对有情绪的其他人增强理解。

• 社会工作者在情景设定上需做到明确、详细并且包含多种类型，该游戏以情景剧为主，因此在对情景选择和设定上需要多加思考，情景表现的难易程度也需多加考量，以便情景剧能顺利进行。

• 每组寻找到恰当的情绪控制方式后，社会工作者应及时集合参与者们进行交流和分享，进一步增强参与者们对情绪的认识以及对不同情绪的应对方式的把握。

### 社会工作者引导

社会工作者可向其中几个表现突出的参与者进行询问：“你觉得情绪对你的影响大吗？你对情绪是否有了新的认识和理解？”“这种情景下，你有更好的情绪处理方式吗？”可从参与者新的认识和新的理解出发作为方向引导。

### 游戏贴士

#### 情景剧示例

社会工作者在情景的设定上要做到明确细致、能够引发人物的激烈情绪(如狂喜、愤恨、委屈、幸灾乐祸等)，以观察在不同情境下，青少年的不同表现，引导他们观察同伴和自身面对同一情景或产生同一情绪时所作出的不同回应，以反思情绪对行为的影响并讨论正确控制和疏导情绪的方式。以下是一个情景示例：

情景角色：小明、语文课代表、语文老师、班主任

情绪主角：小明

下着小雨的周五清晨。讲台上语文课代表要求大家上交这周的日记以便老师在周末批阅，小明忽然想起来昨晚写完日记忘记放进书包里了，只好硬着头皮去老师办公室解释自己忘带了，并承诺下周一上学时一定带来。语文老师表示相信小明并答应了小明的请求。小明回到教室跟同学们一起准备早读，这时一贯严厉的班主任出现在教室门口：“小明，你出来一下。”

走出教室，班主任发问：“你没带语文作业吗？”

小明：“嗯，我跟语文老师说过了，他同意我下周一带来。”

班主任：“是没带还是没写？”

小明："我写了！"

班主任："要是真写了现在给你家长打电话让他们送来！"

小明："我家离这里很远，来回要一个多小时呢！我爸爸妈妈都上班去了，我不敢打扰他们。再说语文老师同意我——"

班主任打断了小明："要是没写就赶紧承认！"

接下来的情景请参与者自行发挥，看他们如何应对。

## 09 我的人际关系困境

**专业目标** 一方面，让人们可以更好地认识到自己出现的人际关系困境并且一定程度上提升自己；另一方面，可以使人们更好地认识到如何去倾听、去帮助他人。

**适合人群** 青少年人群。

**适宜人数** 以10—30人为宜，并且将所有参与者分为2—3人小组为宜。当人数过多时，社会工作者要注意使用扩音设备；当人数过少时，游戏效果可能不太明显。

**建议时间** 以15—20分钟为宜，可以根据现场效果，适当调整游戏时间。

**场地要求** 安静的室内。

**物资准备** 无。

### 游戏规则

- 参与者自由结合，2—3人一组。
- 其中一人扮演社会工作者，其余人扮演求助者，求助者讲出当前自己的人际关系困境，并情景再现。由社会工作者来帮助他走出这种困境，根据情景再现找出最好的解决方法。

### 适用说明

- 该游戏特别适用于青少年人群，青少年在成长过程中会面临很多困境，比如人际关系的处理不当等。通过情景剧形式，让青少年在轻松、有趣的形式下更好地认识自己在成长阶段面临的问题，一定程度上提升自己解决问题的能力，在情景剧表演过程中，也提高自己倾听和帮助他人的能力。

• 在游戏过程中，如果达到放松且自然的氛围时，参与者会感到很放松，能更好实现游戏的初衷，更好地去倾听并且去提升自己解决问题的能力。

• 该游戏涉及一定隐私，很多参与者抗拒当众说出自己的人际交往困境，因此需要社会工作者进行适当的引导，并且做好舒缓参与者的情绪等工作。

• 该游戏不宜用于因人际交往有很深的创伤的人群。开始前，社会工作者需要适时提醒和告知参与者这个游戏的特殊性，并强调保密原则。

### 社会工作者引导

社会工作者可向扮演社会工作者的参与者询问："你是选择从什么角度去帮助他解决困境的?"以及向说出自己困境的参与者询问："你觉得这种方法是否有效？是否会对未来的你有所帮助?""通过这个游戏，你有什么感受和收获?"可从参与者新的认识以及未来如何去做作为方向引导。

### 游戏贴士

1. 青少年学生面临的几种人际关系困境

(1) 沉默寡言型　(2) 遭人排挤型

(3) 行为偏激型　(4) 专横霸道型

2. 推荐阅读文献

何嘉怡．辅导人际关系失调的青少年走出困境［J］．中国社会工作，2018 (3).

# 第二节　老年人游戏

## 01 你我的红歌

**专业目标** 通过游戏的方式让老年参与者回忆过去，联络彼此的感情，调动大家参与活动的积极性，活跃现场的气氛。

**适合人群** 老年人群体。

**适宜人数** 以 5—40 人为宜，当人数过多时，社会工作者要注意使用扩音设备；当人数过少时，游戏效果可能不太明显。

**建议时间** 以 20—30 分钟为宜，可以根据现场效果，适当调整游戏时间。

**场地要求** 空旷的场地。

**物资准备** 纸条、笔若干。

### 游戏规则

- 社会工作者首先在纸条上写下大家熟悉的老歌歌词。选 2—3 首，每一首歌可写多张纸条。
- 参与者围成圆圈，社会工作者发给每人一张带有歌词的纸条。
- 当社会工作者说开始时，参与者需要大声唱自己的歌，并寻找同一首歌的人。必须一边唱一边找人，注意不可说出歌名。
- 社会工作者喊停时，所有组员归队。最早结成队伍的获胜。

### 适用说明

- 游戏之前，社会工作者需要提前选好几首经典红歌，歌曲应选择老年人耳熟能详的。
- 游戏过程中，社会工作者需要控制现场的秩序，当有违反游戏规则时，需要及时提醒。同时可以根据现场气氛，延长或缩短游戏时间。可以适当增加游戏的难度，一边做动作一边唱歌寻找队友。

- 游戏过程中，参与者唱歌的声音需要响亮，当遇到放不开的老年人时，社会工作者需要注意引导，让每位老年人都感觉受到关注。

**社会工作者引导**

游戏结束后，社会工作者可以向参与者询问：“在游戏中，发现您是最先找到队友的，您有什么诀窍吗？”“在游戏中，您最后才找到队伍，您能告诉我是什么阻碍了您吗？”“游戏中，您拿到歌词后就能马上唱出来，您平常对音乐感兴趣吗？能给大家表演一段吗？”社会工作者主要是调动老年人参与的积极性，让他们打破原有的紧张尴尬的局面。

**游戏贴士**

**红歌推荐**

《北京的金山上》《当兵的人》《东方红》《翻身农奴把歌唱》《洪湖水浪打浪》《黄河大合唱》《解放区的天》《没有共产党就没有新中国》《山丹丹花开红艳艳》《十送红军》等。

## 02 情绪标签

**专业目标** 让老年参与者回顾过去的人生，并且对影响深刻的事情进行反思，释怀过去。

**适合人群** 老年人群体。

**适宜人数** 以5—40人为宜，当人数过多时，注意使用扩音设备；当人数过少时，游戏效果可能不太明显。

**建议时间** 以10—20分钟为宜，可以根据现场效果，适当调整游戏时间。

**场地要求** 安静的室内。

**物资准备** 可贴标签纸若干、A4纸若干、签字笔若干、和缓的音乐。

## 游戏规则

• 社会工作者为参与者分发纸笔和标签纸，并引导参与者按照自己的意愿在标签纸上分别写上情绪标签，如“愉悦、幸福、失望、悲伤、平淡”等。

• 伴随着和缓的音乐参与者在 A4 纸写上自己人生的每个阶段，例如儿童期、青少年期、青年期、中年期，以及以前人生阶段的某个时刻发生的对自己印象深刻的事情（如参考图）。

• 写完后，参与者将手中的标签贴到自己写的每个阶段的后面（不同阶段可以贴上 2—3 个情绪标签，主要是表达这个阶段发生印象最深的事情时自己的情绪或者对自己影响最大的情绪）。

• 社会工作者邀请参与者对自己的人生阶段的情绪标签进行分享。

## 适用说明

• 游戏需要一个安静的场所，使参与者更易集中注意力，尽量保证舒适度让参与者放松；且要有足够的场地，为每个参与者的桌椅间留出一定空间，过程中需要借助黑板进行演示。

• 社会工作者要准确清晰地表达游戏规则和游戏意义，避免出现参与者不明确游戏规则和意义的情况。

• 社会工作者在游戏中注意时间的掌握，当时间已经结束仍然有参与者没有完成的时候，社会工作者要注意坚持等到每一位参与者都写完然后再进行分享阶段。

• 分享过程中，如果参与者出现较大的情绪波动，社会工作者注意参与者情绪的调节，给予参与者鼓励和安慰。

• 该游戏可能会涉及隐私方面等问题，在开始前，社会工作者需明确地说明规则和游戏中可能出现的隐私问题，需要取得参与者的同意，询问参与者的想法，尊重参与者的想法和意见。

## 社会工作者引导

游戏之前社会工作者需要进行现场氛围的调动，将参与者的感情带入游戏中，可以朗读一段关于人生的小诗或者播放悠长舒缓的音乐。在游戏结束后，社会工作者注意引导大家分享，可以先选择积极的参与者来分享，调动其他参与者共同分享，注意观察参与者的行为动作。社会工作者可以询问：“你的情绪标签都分别代表了什么事情，你能说一说吗？”“你在游戏中非常的投入，写了很长的时间，能和我们分享你的故事吗？”社会工作者主要引导参与者敞开心扉，说出情绪标签背后的故事。

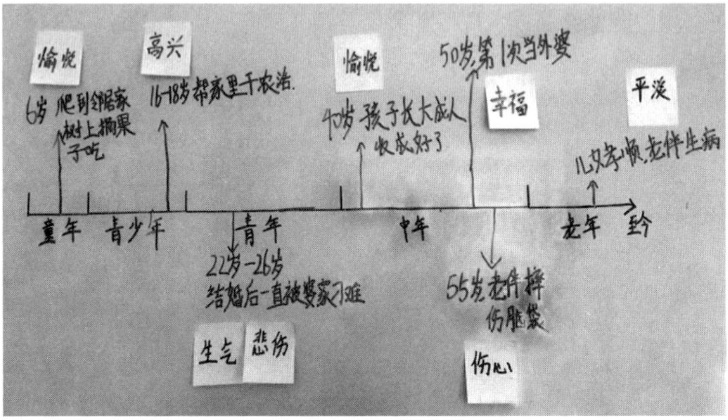


图片来源：青岛理工大学 2015 级社会工作专业学生

## 03 烦恼一箩筐

**专业目标** 通过游戏的形式释放参与者内心的烦闷或者其他负面情绪，使参与者放松心情，解决参与者的烦恼。

**适合人群** 老年人群体。

**适宜人数** 无特定要求。

**建议时间** 以 10—20 分钟为宜，可以根据现场效果，适当调整游戏时间。

**场地要求** 安静的室内。

**物资准备** 纸笔若干、音乐。

**游戏规则**

- 社会工作者分发给参与者每人一张纸和一支笔。
- 参与者采用不记名的方式在纸上写上自己想要释放的压力，或者令自己烦恼的事情。完成后，参与者将所写的纸放到社会工作者事先准备的筐子里。

• 社会工作者收集完后，挨个将纸条打开，大声读出里面的内容，大家为上面的问题提出解决方案。直到最后纸条的烦恼被解决后，参与者一起将纸条撕掉。

**适用说明**

• 游戏应该在安静的氛围中进行，社会工作者注意控制现场的气氛。

• 当纸条中的烦恼大家没有想到好的解决方案时，社会工作者可以为大家提供解决思路，引导大家自己作出问题解决方案。

• 当现场在分享阶段或者在最后的撕掉烦恼的阶段，氛围较为热烈时，游戏效果基本达到预期目标，实现了设计游戏的初衷。

**社会工作者引导**

社会工作者在游戏之前需要进行现场氛围的调动，将参与者的感情带入游戏中，播放悠长舒缓的音乐。在游戏结束后，社会工作者注意引导大家分享，可以先选择积极的参与者来分享，调动其他参与者共同分享。社会工作者可以询问“你认为自己的烦恼在游戏过程中解决了吗？”“当撕掉这些烦恼的时候，你觉得压力减轻了吗？你有什么感受？”“在游戏过程中，你的计策帮助其他组员解决了问题，你有什么感受？”社会工作者主要引导参与者解决烦恼，释放压力。

**为师者说**

该游戏考验社会工作者的现场反应能力和解决问题能力，对带领社会工作者的要求比较高。优点是容易树立社会工作者权威，并节约时间，保证活动高效。如果社会工作者经验不足，可以将游戏规则变换为先由参与者从问题筐子里拿出一个问题试着回答，然后由社会工作者补充，这样有利于调动参与者的积极性，动员参与者的内在动力解决问题。

## 04 我的价值

**专业目标** 通过本游戏让老年参与者增强信心，发现自己的价值，获得对老年生活的希望。

**适合人群** 老年人群体。

**适宜人数** 以5—40人为宜，当人数过多时，注意使用扩音设备；当人数过少时，游戏效果可能不太明显。

**建议时间** 以10—20分钟为宜，可以根据现场效果，适当调整游戏时间。

**场地要求** 安静的室内。

**物资准备** 纸笔若干。

**游戏规则**

• 社会工作者向大家分发纸笔，主持人可以参考以下题目，请参与者在空白纸上填写：

1. 你有什么才艺吗？例如你会唱歌、写毛笔字、弹奏乐器、跳舞等请列举出来。

2. 你以前的职业是什么？你觉得你以前的职业现在还可以在什么方面发挥作用？

3. 分享一下你在生活中积累过的小技巧。请列举出来。

• 大家分享自己的特长，找到自己的价值。

**适用说明**

• 社会工作者问的问题，可以通过才艺、生活技能、人际交往方面等各种角度提问，问题应该包含各个方面。最后社会工作者告诉大家每个人都有自己的发光点，切勿妄自菲薄，轻视自己的能力。

• 该游戏同时也属于讨论类游戏，通过小组讨论的方式进行，加深小组成员之间的了解。

• 该游戏也可以通过参与者说出自己的烦恼，其他参与者为他想想办法，来发现自己的价值。

社会工作者引导

在游戏之前，社会工作者可以积极地引导参与者思考，为游戏奠定基础，避免出现僵局。在游戏分享阶段，社会工作者在引导参与者分享时，可以询问：“你觉得自己在哪方面有特长，比如生活小技巧方面？”“你以前有发现过自己的这些价值吗？当你发现后你有什么感受？”“通过这个游戏，你有没有觉得自己对自身和其他参与者有了一个更新、更进一步的了解？”注重引导参与者发现自己的价值。

参与者说

我现在整天在家带孙子，现在年轻人教育孩子的办法和我们那个年代不一样了，管多了儿媳妇就嫌这嫌那，管少了怕对我孙子不好，有的时候感觉是不是自己真的老了、思想落后了。通过这个活动，感觉又回到年轻时候厂里技术比拼那会儿，发现自己还能干挺多有意义的事情。不过我也发现挺多人到了我这个年纪都去上了老年大学，学了一些特长。我觉得自己也得去老年大学报个班，人老了也得有自己的圈子、有事干！

## 05 香蕉运动

**专业目标** 通过娱乐的游戏，活跃现场的气氛，调动老年人参与活动的积极性。

**适合人群** 老年人群体。

**适宜人数** 以6—40人为宜，当人数过多时，注意使用扩音设备；当人数过少时，游戏效果可能不太明显。

**建议时间** 以10—20分钟为宜，可以根据现场效果，适当调整游戏时间。

**场地要求** 无特定要求。

**物资准备** 香蕉若干、秒表。

### 游戏规则

• 参与者两人一组，每组一根香蕉。一个人的左手和另一个人的右手相握。

• 限定一分钟的时间，在社会工作者说完开始后，两人相握的手不能松开，另两只手配合剥一根香蕉，并吃掉。

• 完成的小组，按照排名依次获得奖励。

### 适用说明

• 该游戏能够提高参与者的默契度，增强协作意识，让参与者之间有更多的了解，进一步深化彼此的友谊。

• 游戏过程中注意相握的手不能松开，在剥香蕉的同时不能用其他的部位辅助。

• 游戏中也可以使用其他带皮的水果，例如橘子、火龙果、猕猴桃等。

### 社会工作者引导

主持人在游戏结束后，可以问：“在游戏的过程中，你们两个是最先完成的，可以说一下你们现在的心情吗？跟大家分享下你们的经验。”“游戏中你们是最后完成的，能说出你们的问题所在吗？”“你觉得这个游戏对你来说最困难的地方在哪？你是怎样克服的？”“通过这个游戏，你有什么感受和收获？”社会工作者主要通过引导大家说出自己在游戏中的感受。

### 参与者说

这个游戏挺有趣的，我和肖大姐配合得很默契。已经是好几年的朋友了，今天第一次一起参加比赛，感觉我俩和年轻时一样好胜。

## 06 搞怪五连拍

**专业目标** 通过搞笑拍照的方式调动参与者，提高参与者参与活动的积极性，调节现场的气氛。

**适合人群** 老年人群体。

**适宜人数** 无特定要求。

**建议时间** 以 10—20 分钟为宜，可以根据现场效果，适当调整游戏时间。

**场地要求** 无特定要求。

**物资准备** 相机或带有拍照功能的手机。

### 游戏规则

● 首先，社会工作者将参与者分为 3—5 人一组的小组，参与者一字排开，社会工作者将相机对准参与者。

● 社会工作者喊“一”的时候，参与者摆出第一个动作，喊“二”的时候，参与者摆出第二个动作，以此类推，当第五个动作拍好后，换下一组进行拍照。

● 拍完的照片可以通过发到小组微信群里，大家投票选出最喜欢的照片，然后大家一起表扬他，例如“你真棒”。

### 适用说明

● 游戏中拍照的动作可以不局限，社会工作者可以设定每个动作，例如“小丑先生、饥饿的老虎、美丽的公主、勤劳的农民、笨拙的大象”等，指令应该有明显的特征。

● 游戏过程中，可能会出现参与者不好意思的情况，社会工作者可以亲自为大家展示，并让积极活跃的参与者先进行，更能调动现场的气氛。

● 最后社会工作者可以将拍出的照片洗出来送给参与者留作纪念。

### 社会工作者引导

在拍完照后，社会工作者需要注意引导参与者分享自己的感受，例如询问："在游戏中，你动作反应最快，你能告诉我们原因吗?""游戏中，你认为谁表现得最好，你来评价一下他（她）。""在游戏过程中，你觉得开心吗？说一说自己的心情变化。"

示例漫画

## 07 最想说的话

专业目标 通过游戏，使老年人找到倾诉对象，情绪得以发泄，最终调整好心态，更加积极地生活。

适合人群 老年人群体。

适宜人数 无特定要求。

建议时间 以 10—20 分钟为宜，可以根据现场效果，适当调整游戏时间。

场地要求 安静的室内。

物资准备 舒缓的音乐、小音响。

游戏规则

• 社会工作者播放舒缓的音乐，老年参与者闭上双眼，回忆以前或者现在最想见的人，对他说出自己心中深藏已久的话。

• 参与者分享自己最想说的话。现场可以找其他参与者代替那个倾听者或者通过录制视频的方式记录下来。当分享者说出自己想说的话时，另一个扮演对方的参与者应该积极给予反应。

适用说明

• 游戏之前，在一个安静的氛围中进行游戏。但是氛围和现场情况存在很多不确定性，社会工作者需要做好引领和控场，当面对现场气氛较为凝滞时，可以在之后做一些娱乐性游戏调节气氛。

• 游戏中，如果出现参与者不愿意分享的情况，社会工作者应该及时调整现场的气氛，可以先从轻松的话题来说起。如果有参与者情绪波动较大的情况，社会工作者注意及时进行情绪引导。

• 社会工作者需在游戏开始前，给参与者们一些提醒，例如，当参与者作为倾诉对象时，应该保持同理心，并且学会倾听，当旁观者作补充时，也需注意这两方面。

• 该游戏可能会涉及隐私方面等问题，在开始前，社会工作者需明确地说明规则和游戏中可能出现的隐私问题，需要取得参与者的同意并询问参与者的想法，尊重参与者的想法和意见。

**社会工作者引导**

在游戏之前社会工作者需要引导参与者进行放松，可以伴随着和缓的音乐朗读一段令人放松的小诗。在游戏结束后，社会工作者注意引导参与者分享感受时，可以问："你说出最想说出的话后，你的心情有什么变化？""当你要说这句话时，你觉得对方会有什么反应？当你看到他的反应，你的心情是什么样的？""当你听到他说出这句话后，你的反应是什么？你为什么对他作这种的反应？"

**参与者说**

这个游戏咱们社会工作者安排得挺用心的，今天自己说的话倒没什么很大的情绪反应，等听到其他人说的那些时，回忆起自己年轻时的很多事，发现自己释怀了。人老了，什么事也都看开了，但其实还是挺希望有个知心人听听自己讲知心话的。

## 08 一片树叶落下来

**专业目标** 通过想象、模仿一片树叶从发芽到落下的过程，帮助老年人体验和感悟生命和死亡的意义，打破对死亡的恐惧，坦然地面对和接受死亡。

**适合人群** 老年人群体。

**适宜人数** 无特定要求。

**建议时间** 以 10—15 分钟为宜，可以根据现场效果，适当调整游戏时间。

**场地要求** 无特定要求。

**物资准备** 树叶若干片。

### 游戏规则

- 首先，社会工作者将参与者分成若干个三人小组，每个小组分发一片落叶。
- 社会工作者引导参与者想象并在组内讨论这片落叶从发芽到落叶的整个过程和落叶时自己的心路历程。
- 讨论结束后，各小组交流讨论结果。

### 适用说明

- 游戏特别适用于年龄较大、对死亡有恐惧的老年人，通过游戏可以以更为柔和的方式帮助他们感受到死亡的必然。
- 游戏中可能出现老年参与者忌讳提及死亡这种情况，因此社会工作者应引导参与者去思考落叶的一生，而不是参与者自身，避免参与者对游戏的抵触情绪。

### 社会工作者引导

在小组讨论结束后，社会工作者需要注意引导参与者分享自己的感受，例如询问：“在游戏过程中，你有什么感受或收获吗？”“通过游戏，你是否对生命有了进一步的了解？”

游戏贴士

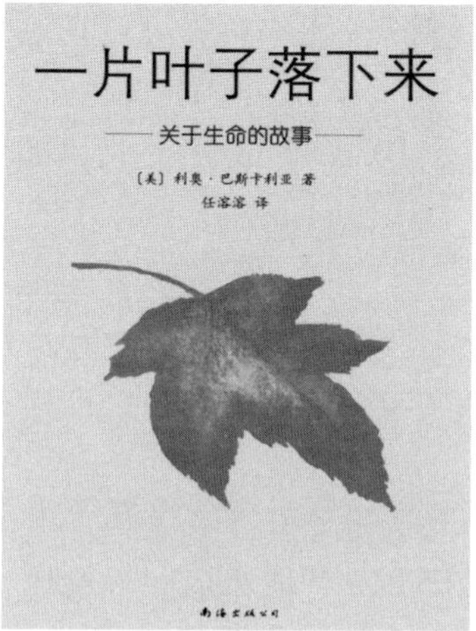


图片来源：利奥·巴斯卡利亚著《一片叶子落下来》

# 第三节 亲子游戏

## 01 飞天魔毯

**专业目标** 通过亲子游戏的方式拉近家长与孩子之间的距离，让孩子与父母都学会如何更好地与对方交流。同时通过竞赛的方式，使孩子获得与父母齐心协力完成比赛的成就感。

**适合人群** 家长与学龄前儿童。

**适宜人数** 按家庭分组，总人数不超过 30 人为宜。当人数过多，社会工作者需要把控好现场秩序，并在必要时使用扩音器，同时需要提醒参与者注意安全；当人数过少时，游戏效果可能不太明显。

**建议时间** 以 15 分钟左右为宜，可以根据现场效果，适当调整游戏时间。

**场地要求** 空旷的场地。

**物资准备** 夏被或秋被若干条，秒表或计时器一个。

**游戏规则**

- 采取接力的形式，每个家庭为一组，在规定的距离内进行折返跑。
- 每个家庭中孩子坐在被子上，家长拉住被子两端向前走，到达标记地点后返回。其间孩子和被子都不能落地。
- 合计用时最少的一组家庭为优胜者。

**适用说明**

- 游戏设定的距离可根据现场实际情况作出适当调整，正常情况下 20 米为宜。
- 在游戏过程中社会工作者要不断提醒参与者注意安全。

• 该游戏对于社会工作者的控场能力要求较高，尤其是当参与人数较多时，因为小孩子较多，社会工作者需要格外注意控制现场秩序。

社会工作者引导

社会工作者可向孩子询问：“你喜欢这样和爸爸妈妈一起配合玩游戏吗？”以及可以向父母询问：“您经常陪伴孩子玩游戏吗？当看到游戏里孩子对您笑的时候，您内心的感受是什么样的？在之后和孩子的相处会作出什么改变？”可从亲子交流和沟通的角度进行引导。

参与者说

这样的亲子游戏对我们家庭关系的增进非常有帮助，平常我老公上班比较忙，好不容易过周末，有心陪孩子玩却总也找不到合适的方式，孩子也就不太愿意跟爸爸亲近。通过今天的游戏不仅让父子俩有了亲密的接触、充分的沟通，也让我们一家有一段其乐融融的时光。

## 02 手指偶说故事

**专业目标** 拉近家长与孩子之间的距离，提高孩子的动手能力，培养孩子的想象力和语言表达能力。同时对于家长而言，家长也可以学会倾听孩子的想法，尊重孩子，提高与孩子相处的耐心。

**适合人群** 3—10 岁儿童与家长。

**适宜人数** 以 5—30 个孩子为宜，当人数过多，可能会出现现场秩序混乱的情况，且可能无法兼顾每个孩子；当人数过少时，游戏效果可能不太明显。

**建议时间** 以 30 分钟左右为宜，可以根据现场效果，适当调整游戏时间。

**场地要求** 有桌椅的室内会议室或教室。

**物资准备** A4 纸、剪刀、彩色笔若干。

## 游戏规则

• 家长与孩子一起制作手指偶，例如三只小猪。可在纸上画出三只小猪的人物，涂上颜色再剪下来。需要注意必须在人物的中间左右两侧各留长 5 厘米宽 1 厘米的长条再粘贴，即可套入手指头。

• 孩子与家长根据自己制作的手指偶编出一个故事，并依次用手指偶为大家表演出这个故事。

## 适用说明

• 在游戏过程中，社会工作者要提醒孩子们注意安全，尤其是剪刀的使用，必须在家长的看护下使用。

• 社会工作者需要提醒家长，在游戏过程中要注意倾听孩子的想法，鼓励孩子发挥自己的想象力，家长不要过多的干涉。

• 编故事的难度可以根据现场参与者的年龄大小作出调整。

## 社会工作者引导

社会工作者可向孩子询问："你喜欢这样和爸爸妈妈一起配合玩游戏吗？你们为什么会编出这样的一个故事呢？"以及可以向父母询问："您经常陪伴孩子玩游戏吗？在游戏过程中，您和孩子之间的角色配合是什么样的？是孩子主导还是您主导？""通过这个游戏，您有什么感受和收获？"可从亲子交流和沟通的角度进行引导。

## 示例图片

## 03 动物的一天

**专业目标** 激发孩子的想象力，提高孩子对于一件事的专注度，同时可以借机使孩子完成他平时不能或者不愿意完成的任务，起到教育的作用。

**适合人群** 学龄前儿童与小学低年级儿童。

**适宜人数** 无限制。以家庭为单位，适宜家长与孩子在家中进行，同时与社会工作者进行反馈。

**建议时间** 一天。

**场地要求** 家中。

**物资准备** 无。

**游戏规则**

- 让孩子想象他是一只动物，例如一只兔子，从起床到睡觉一天做了些什么（“早餐吃什么”“兔子要不要上班”“兔子做什么工作”）。家长可以用许多的问题刺激孩子的想象力。
- 根据孩子的想象，家长帮孩子制作一天的日程表。
- 根据日程表，孩子将度过“动物”的一天。

**适用说明**

- 因为该游戏更适合年龄小一点的孩子与家长在家中完成，因此在游戏开始之前社会工作者应先跟家长交流专业目标以及具体的注意事项，以便于家长能够带领孩子更好地完成游戏。
- 在游戏过程中家长应不时提醒孩子投入所扮演的动物角色中，想象在当下场景中动物应该做什么。
- 家长可借助动物扮演的方式，帮助孩子改掉坏习惯（例如，孩子挑食不吃蔬菜，家长可以说小兔子只吃蔬菜，从而要求孩子模仿小兔子吃蔬菜）。
- 社会工作者要注意在游戏之后的回访与交流，不仅要与家长交流，也应与孩子沟通，了解他们对于游戏的态度。

**社会工作者引导**

社会工作者可向父母询问：“这种方式的游戏在进行时，孩子有没有什么改变？是否激发了孩子的想象力？”以及向孩子询问：“你扮演的是哪种小动物呀？你是否喜欢这种形式的游戏？”“在游戏过程中爸爸妈妈是否给了你许多帮助，你喜欢这样吗？”可从亲子交流和沟通的角度进行引导。

**为师者说**

该游戏容易吸引年龄较小的服务对象，对于增强亲子关系有很好效果。但是对参与父母的要求比较高，在一整天的时间里要保持耐心并善于引导，所以游戏前社会工作者要协助制定好日程表，选择可行性强的内容，同时对参与的家庭提出要求，鼓励他们完成任务。社会工作者还可以依据现场情况，让参与者体验半小时的动物生活。

## 04 同心协力

**专业目标** 通过亲子游戏的方式拉近家长与孩子之间的距离，让孩子与父母都学会如何更好地与对方交流。同时通过竞赛的方式，使孩子获得与父母齐心协力完成比赛的成就感。

**适合人群** 4—10 岁孩子及家长。

**适宜人数** 以家庭为单位，以 5—10 个家庭为宜。当人数过多，社会工作者需要把控好现场秩序，并在必要时使用扩音器，同时需要提醒参与者注意安全；当人数过少时，游戏效果可能不太明显。

**建议时间** 以 15—20 分钟为宜，可以根据现场效果，适当调整游戏时间。

**场地要求** 空旷平坦场地。

**物资准备** 男装衬衣数件，女式系带鞋数双（可直接针对家长着装作出要求，即父亲必须带着系扣衬衣，母亲必须带着系带运动鞋）。

**游戏规则**

- 参赛为父母和孩子三口之家，以接力形式进行比赛。
- 发令后孩子从起点跑出至第一站，替父亲穿衣系扣，接着父子手拉手跑到第二站，替母亲换穿一双有鞋带的鞋子。
- 之后孩子双脚分别踩在父母的内侧脚背上，父母的内侧手分别拉住孩子的左右臂，最先到达终点的家庭为胜。

**适用说明**

- 在游戏过程中社会工作者要不断提醒参与者注意安全。
- 此游戏对于社会工作者的控场能力要求较高，尤其是当参与人数较多时，因为小孩子较多，社会工作者需要格外注意维持现场秩序。

**社会工作者引导**

社会工作者可向孩子询问："你喜欢和爸爸妈妈一起配合玩游戏吗？"以及可以向父母询问："您经常陪伴孩子玩游戏吗？当看到游戏里孩子对您笑的时候，您内心的感受是什么样的？在之后和孩子的相处会作出什么改变？"可从亲子交流和沟通的角度进行引导。

**参与者说**

以前爸爸妈妈经常帮我系扣子、穿鞋带，今天我帮他们系扣子、穿鞋带，妈妈说她觉得很开心。我们家得了第一，我也觉得特别开心，我觉得主要是老爸老妈都太壮了，架着我向前冲一点问题没有。

## 05 三椅睡觉

**专业目标** 帮助拉近父母与孩子之间的关系，使父母与孩子之间能够得到很好的交流。

**适合人群** 家长与孩子。

**适宜人数** 以家庭为单位，以5—10个家庭为宜。当人数过多，社会工作者需要把控好现场秩序，并在必要时使用扩音器，同时需要提醒参与者注意安全；当人数过少时，游戏效果可能不太明显。

**建议时间** 以20分钟左右为宜，可以根据现场效果，适当调整游戏时间。

**场地要求** 空旷的室内。

**物资准备** 靠背椅子若干把。

**游戏规则**

- 每组家庭发三把靠背椅子，先给3分钟时间考虑：想什么办法才能使一家人都在三把椅子上睡觉？当然要睡得比较舒服、能持久。
- 游戏开始，每组家庭依次上场立即睡倒在三把椅子上，并且要坚持一分钟，然后由大家评定，哪个最合理、可行。

**适用说明**

- 社会工作者要注意把控现场秩序，同时提醒参与者注意安全。
- 社会工作者需要提醒家长，在游戏过程中要注意倾听孩子的想法，鼓励孩子发挥自己的作用，家长不要过多的干涉。
- 社会工作者要注意根据现场参与者的数量来适当调整时间。

**社会工作者引导**

社会工作者可向孩子询问："在游戏中，你和爸爸妈妈是怎么协商分工的呢?""你觉得你和爸爸妈妈的方法是最好的吗？还有什么需要改进的地方吗?"以及可以向父母询问："您经常陪伴孩子玩游戏吗？在游戏过程中，您和孩子之间的角色配合是什么样的？是孩子主导还是您主导?""通过这个游戏，您有什么感受和收获?"可从亲子之间交流和沟通角度进行引导。

**为师者说**

此游戏有一定的挑战性，多组家庭同时进行的话，可以激发每组家庭的斗志，是一个很好的锻炼家庭成员团结协作的游戏。同时社会工作者要注意游戏过程中可能出现参与家庭成员间意见不一，社会工作者要留心现场情况，并根据不同情况考虑是否介入。

## 06 纸龙门

**专业目标** 拉近家长与孩子之间的距离，通过亲子游戏的方式让孩子与父母都学会如何更好地与对方交流。同时通过竞赛的方式，使孩子获得与父母齐心协力完成比赛的成就感。

**适合人群** 家长与孩子。

**适宜人数** 以家庭为单位，以5—10个家庭为宜。当人数过多，社会工作者需要把控好现场秩序，并在必要时使用扩音器，同时需要提醒参与者注意安全；当人数过少时，游戏效果可能不太明显。

**建议时间** 以20分钟左右为宜，可以根据现场效果，适当调整游戏时间。

**场地要求** 空旷的场地。

**物资准备** 儿童用皮球若干、报纸若干。

**游戏规则**

• 按家庭分组（通常每组3人），其中父母二人各执报纸的一端，小朋友在距离5—6米处将球一个一个滚向父母。

• 父母二人须赶紧用报纸将球捞起放在一边。

• 最终在一定时间内，取得最多球的便是胜方。

**适用说明**

• 游戏时间的确定，社会工作者可根据现场人数与小孩子平均年龄进行适当调整。

• 在游戏过程中社会工作者要不断提醒参与者注意安全。

• 该游戏对于社会工作者的控场能力要求较高，尤其是当参与人数较多时，因为小孩子较多，社会工作者需要格外注意把握现场秩序。

**社会工作者引导**

社会工作者可向孩子询问："你喜欢这样和爸爸妈妈一起配合玩游戏吗?"

以及可以向父母询问："您经常陪伴孩子玩游戏吗？当看到游戏里孩子对您笑的时候，您内心的感受是什么样的？在之后和孩子的相处会作出什么改变？""通过这个游戏，您有什么感受和收获？"可从亲子交流和沟通的角度进行引导。

**参与者说**

我感觉今天的游戏挺简单的，但通过游戏给我的感受却没有那么简单。平常我们上班很忙，一般都是爷爷奶奶照顾孩子，在休息日我和孩子妈妈也会带孩子出去玩，但一般是看电影、去游乐场或者吃大餐。这么长时间以来我忽然发现我们一家三口很少会齐心协力去完成一件事，更别说想出这么些个游戏培养和孩子的感情、加强我们的沟通。今天的游戏让我很受启发，我们自己在家也可以约着邻居、朋友跟孩子们玩一些简单的游戏过周末，既可以培养亲子关系又能促进孩子的社会性发展。

## 07 重回过去

**专业目标** 唤醒亲子关系，重新拉近家长与孩子之间的距离，让家长和孩子之间的关系由疏远重回亲密。

**适合人群** 家长与孩子（要求有一定理解和表达能力）。

**适宜人数** 以家庭为单位，以1—10个家庭为宜。当人数过多，社会工作者需要把控好现场秩序，并在必要时使用扩音器，同时需要提醒参与者注意安全。

**建议时间** 以15—20分钟为宜，可以根据现场效果，适当调整游戏时间。

**场地要求** 安静的室内。

**物资准备** 无。

**游戏规则**

- 社会工作者引领父母和孩子进行游戏，根据参与家庭的孩子来进行时间倒退（例如，5 岁小朋友就时间倒退 4 年，在年龄基础上减 1 年，作为倒退的时间），父母和孩子扮演在过去的时间时自己所处的状态，孩子扮演婴儿状态，父母也追忆并表现出自己当时和孩子的关系，找回自己当时对待孩子的态度和反应，并且可以说出自己当时在孩子还处于襁褓状态下，自己对他的期盼或是祝愿。父母和孩子通过倒退到过去的时间里，进行关系修复，并且说出自己的心里话，游戏结束后，社会工作者引导父母和孩子进行感受分享。

**适用说明**

● 该游戏更加适用于亲子关系出现一定疏离感和僵化状态的亲子家庭，可帮助家庭唤醒亲子关系，父母和孩子双方都对对方进一步了解和理解，并且找到最初亲密的亲子关系时的感觉。

● 社会工作者在进行引导时，需注意在游戏过程中应减少直接参与，让各自家庭进行自我疏导和交流，社会工作者可在必要时协助参与家庭体验其扮演的角色的感觉、想法与行为，在游戏的最后需要注意引导和组织参与家庭进行分享。

● 该游戏对规则以及情景设置要求较为严格，因此社会工作者需注意将规则表述清楚，让父母和孩子更好地理解，并且将拟定情景解释清楚。

**社会工作者引导**

社会工作者可向父母询问："您感觉自己现在对待孩子的态度和之前是否一样？""游戏过程中当看到孩子重新回到婴儿状态，您有什么感受？"可向小朋友询问："你有没有理解爸爸妈妈？""你有没有感觉到跟爸爸妈妈的关系更近了？"可从亲子关系重建亲密的角度进行引导。

**游戏贴士**

### 角色扮演

角色扮演：是由精神病学者莫雷诺提出的，是由案主通过角色扮演来改变自己已有的行为或者是学习到的新行为，促进产生相应的认知改变。

功能：

1. 协助案主觉察、纾解情绪；
2. 修正案主对他人的了解；

3. 协助案主对自己的行为、感觉与想法有新的认识；
4. 协助案主学习与预演新的行为模式。

## 08 哈哈大会

**专业目标** 在家庭内进行情绪感染，重新唤醒亲子关系，拉近家长与孩子之间的距离。

**适合人群** 家长和孩子。

**适宜人数** 以家庭为单位，以5—10个家庭为宜。当人数过多，社会工作者需要把控好现场秩序，并在必要时使用扩音器，同时需要提醒参与者注意安全；当人数过少时，游戏效果可能不太明显。

**建议时间** 以15—20分钟为宜，可以根据现场效果，适当调整游戏时间。

**场地要求** 无特定要求。

**物资准备** 无。

### 游戏规则

- 按家庭为组，每个家庭挨坐在一起。
- 社会工作者先做一个示范，讲一个笑话，前提是无论这个笑话是否好笑，在场的所有人都需要哈哈大笑，一起笑，家庭内部成员之间需要进行笑脸互动，对着对方笑。
- 之后由每个家庭派一个代表进行引领，可以是讲笑话也可以是一个事情或是一句话，讲完之后在场所有人也需要一起大笑，并进行家庭内部互动。
- 游戏结束后，社会工作者引领参加的所有家庭进行交流和分享。

### 适用说明

- 该游戏更加适用于亲子关系出现一定疏离感和僵化状态的亲子家庭，可帮助家庭唤醒亲子关系，并且找到最初亲密的亲子关系时的感觉。
- 通过一开始可能只是规定的笑到最后发自内心的笑，让每个家庭都感受到情绪渲染，让参与的家庭都能处在一个放松、平和的状态下，进行笑脸交流，将开心在家庭里传递。

- 游戏过程中，可能会出现一些家庭不想上去进行分享等情况，社会工作者需在这种时刻进行适当引导或是进行帮助。

**社会工作者引导**

社会工作者可向父母和孩子询问："在大笑的过程中，是否真的最后是发自内心的笑?""看到爸爸妈妈（或孩子）对你笑的时候，你有什么样的感受?"以及可以向父母询问："您经常陪伴孩子玩游戏吗？当看到游戏里孩子对您笑的时候，您内心的感受是什么样的？在之后和孩子的相处会作出什么改变?""通过这个游戏，您有什么感受和收获?"可从亲子关系重建亲密的角度进行引导。

**示例漫画**

## 09 我愿意

**专业目标** 唤醒亲子关系，拉近亲子之间的距离并且使亲子之间增加交流和沟通。

**适合人群** 家长和孩子。

**适宜人数** 以家庭为单位，以1—10个家庭为宜。当人数过多，社会工作者需要维持好现场秩序，并在必要时使用扩音器，同时需要提醒参与者注意安全。

**建议时间** 以 20—60 分钟为宜，可以根据现场效果，适当调整游戏时间。

**场地要求** 安静的室内。

**物资准备** 白纸若干、笔若干、彩笔套盒、白色纸板。

**游戏规则**

• 家长和孩子隔开一定的距离，写下 10 条对对方的期待。例如，父母对孩子的期待是每天按时睡觉、早睡早起等，在写期待的过程中不能看对方所写的内容。

• 写完期待后，家长和孩子一起讨论写下的所有期待，社会工作者在旁引导。

• 在期待事项中，有可能出现无法完成或者无法接受的期待选项，父母（或孩子）可以选择划掉这个期待，并告诉对方为什么，相应的另一方（父母或孩子）也可以划掉一个期待，最多划掉 5 个。

• 父母和孩子共同将对方给自己的期待改为“我愿意”的句式，然后一起写在白色纸板上，绘制“我愿意”家庭愿望板，各自签上自己的名字。

• 游戏结束后，社会工作者引领家庭进行交流和分享并鼓励每个家庭按照自己家的愿望板在生活中践行起来。

**适用说明**

• 该游戏更加适用于亲子关系出现一定疏离感和僵化状态的亲子家庭，通过期待清单的罗列，可帮助亲子之间互相加强了解，在游戏过程中，通过将期待变为我愿意的过程，可帮助亲子之间找到最初亲密的亲子关系时的感觉。

• 如果条件允许，该游戏还可进行后续游戏的衔接，愿望板是否起到了它所具有的作用以及参与家庭是否实现了最初设想。

• 社会工作者在进行引导时，需注意在游戏过程中应减少直接参与，让各自家庭进行自我疏导和交流，社会工作者可在必要时进行引导和帮助，在游戏的最后需要注意引导和组织参与家庭进行分享。

**社会工作者引导**

如果家庭写下的期待非常独特时，社会工作者可向父母和孩子询问：“为什么想到写下这个期待?”“它的背后是否有什么故事，可以跟我们分享一下吗?”可向小朋友询问:“你有没有理解爸爸妈妈?”“你有没有感觉到跟爸爸妈妈的关系更近一步了?”社会工作者可从亲子关系重建亲密的角度进行引导。

**示例图片**

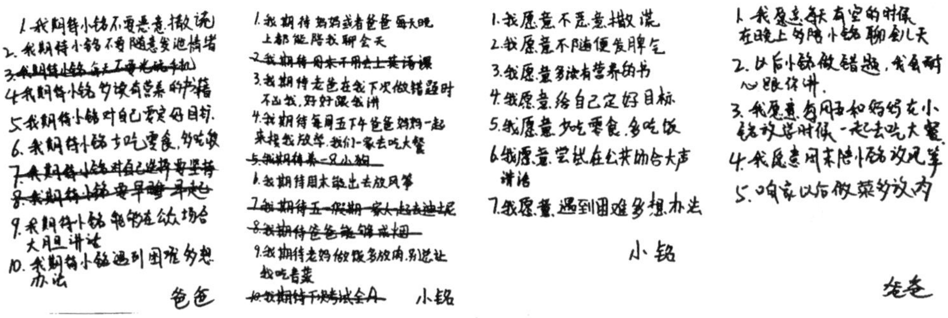


## 10　三句回应语

**专业目标**　加强亲子之间的互相了解和理解，加强亲子关系，增加亲子之间的互动。

**适合人群**　家长和孩子。

**适宜人数**　以家庭为单位，以1—10个家庭为宜。当人数过多，社会工作者需要把控好现场秩序，并在必要时使用扩音器，同时需要提醒参与者注意安全。

**建议时间**　以15—60分钟为宜，可以根据现场效果，适当调整游戏时间。

**场地要求**　安静的室内。

**物资准备**　无。

**游戏规则**

● 社会工作者进行引导，引导孩子对父母说出自己的心里话，父母在听到孩子的心里话（例如，我讨厌上学或我不喜欢你们总是那么严肃地对我等）

时，父母只能以“你是对的，对不起，我爱你”来进行回应，孩子吐露完自己的心里话时，游戏结束，社会工作者引导父母和孩子进行交流和感受分享。

### 适用说明

- 该游戏更加适用于亲子关系出现一定疏离感和僵化状态的亲子家庭，通过心里话的叙说和三句暖心回应，可帮助亲子之间互相加强了解，找到最初亲密亲子关系。
- 社会工作者在进行引导时，需注意在游戏过程中应减少直接参与，让各自家庭进行自我疏导和交流，社会工作者可在必要时进行引导和帮助，在游戏的最后需要注意引导和组织参与家庭进行分享。
- 游戏过程中，父母无论听到孩子说什么，都必须以这三句作为回应，因此，社会工作者在旁也需进行一定的监督，使游戏可以顺利进行，达到游戏设置的初衷。

### 社会工作者引导

社会工作者可向父母询问：“当孩子对你说出心里话时，你有什么感受？是高兴？还是有些难受？”以及“当你只能用三句话回复时，你有发现孩子听到这些回应有什么不一样的改变吗？”可向小朋友询问：“当你听到爸爸妈妈对你的回应，你有什么感受？”“你有没有理解爸爸妈妈？”“你有没有感觉到跟爸爸妈妈的关系更近一步了？”总体向亲子关系重回亲密，加强理解角度进行引导。

### 参与者说

我家妞妞学习一直很好，生活中也很乖很听话，我总觉得上天派给我这么一个好闺女是我和她爸的福气，但今天妞妞的心里话让我觉得有些难过和自责。上学以来，我们总看到她的成绩多好、平时多听话，却很少关注妞妞的内心，更不知道因为她在学校性格内向、不爱说话基本没交到什么朋友。通过这个游戏，我意识到我们家长的关注点不应该只放在学习成绩上，孩子的心理健康也很重要。

第三章

# 社会工作专业方法中的应用

# 第一节　个案游戏

## 01 倾听练习

**专业目标** 认真的倾听有助于对方的情绪发泄和表达，帮助参与者在与他人交谈过程中注意感受对方的情绪，而不仅仅是关注说话内容。通过游戏使案主掌握倾听的技巧，帮助案主提高在沟通中捕捉对方情绪并给出适当回应的能力。

**适合人群** 无特定人群。

**适宜人数** 以 2 人一组为宜。

**建议时间** 以 10—15 分钟为宜，可以根据现场效果，适当调整游戏时间。

**场地要求** 安静的室内。

**物资准备** 无。

**游戏规则**

- 两人分饰社会工作者与案主角色。案主可表达一个困扰自己的事件。
- 案主倾诉，社会工作者倾听，倾听的一方需要注意倾诉者的情绪，同时给出适当的回应。
- 相互交流分享情绪感受。

**适用说明**

- 引导案主在倾听过程中注意感受倾诉者的情绪，而不是仅关注事件本身。
- 为引导案主学会更好的倾听，社会工作者可先做示范，对于案主的倾诉给出相应回应。

**社会工作者引导**

在游戏结束后，社会工作者要通过案主在游戏过程中的表现来引导其说出自己的感受和变化。社会工作者可以询问："你认为通过这个游戏，你学到了什么?""在刚才的游戏过程中你认为自己是一个好的倾听者吗？为什么?""通过刚才的游戏，你认为怎么做才能成为一个好的倾听者?""通过刚才的游戏，你有哪些感受?"

**游戏贴士**

倾听五要素：听到、专注、理解、回应、记忆。

有效倾听技巧：

1. 明确倾听者角色，少说话。
2. 注意力集中，专注于被倾听者。
3. 不要猜测，不要过早评判。
4. 寻找关键意思。
5. 减少倾听过程中的争论。

## 02 提问方式大转换

**专业目标** 通过游戏方式帮助案主学会如何正确沟通，掌握开放性问题和封闭性问题的提问技巧。

**适合人群** 无特定人群。

**适宜人数** 以每次1人为宜。

**建议时间** 以10—20分钟为宜，可以根据现场效果，适当调整游戏时间。

**场地要求** 安静的室内。

**物资准备** 纸、笔若干。

**游戏规则**

- 首先由社会工作者向案主模拟一些场景并提出以下问题（可替换），案主需要回答这些问题，并分享自己听到这些问题的感受。

1. 你家中有多少人？
2. 你爸爸能和你做朋友吗？
3. 你是否喜欢妈妈？
4. 你觉得自己在这次活动中表现活跃吗？
5. 你和朋友一起开心吗？
6. 当你对父母发脾气的时候，你是不是很不服气？

•社会工作者再向案主模拟一些场景并提出以下问题（可替换），案主仍然需要回答这些问题并分享自己的感受，同时与第一轮的问题进行对比，说说它们的区别。

1. 你家中有什么人？
2. 你和爸爸的关系如何？
3. 你觉得妈妈是一个怎么样的人？
4. 你觉得自己在这次活动中表现怎么样？
5. 请讲讲你与朋友最开心的一次经历。
6. 当你对父母发脾气时，你有什么感受？

•社会工作者根据上述问题向案主介绍什么是开放性问题和封闭性问题，同时说明两种问题的区别，以及如何正确使用这两种不同的提问方式。

•社会工作者为案主提供几种情境，例如老师找到小明想了解他最近成绩下滑的原因等，案主运用这两种方式进行提问，社会工作者可以提出一些建议。

### 适用说明

•该游戏适用于个案工作中案主的沟通技巧欠佳的情况，能够在短时间内使案主学会提问的技巧。

•社会工作者要注意引导，能够让案主充分说出自己的看法，鼓励支持案主。

•社会工作者在游戏过程中，可以根据实际情况选择开放性问题和封闭性问题，同时也要考虑案主的心智水平，用通俗易懂的方式让案主明白两种提问方式的区别。

社会工作者引导

在游戏结束后，社会工作者要通过案主在游戏过程中的表现来引导其说出自己的感受和变化。社会工作者可以询问："你认为通过这个游戏，你学到了什么？""你能跟我说说开放式提问和封闭式提问的区别吗？""你认为这两种不同的提问方式哪种更容易使谈话更深入，为什么？"

游戏贴士

**开放式提问和封闭式提问**

一、封闭式提问

提问方式不同效果往往也不一样，封闭式提问通常用于启动一次谈话或者总结讨论结果。下面列出了封闭式提问的一般特征和常见用途：

1. 封闭式提问能让提问者获取更多的事实。
2. 封闭式提问能让提问者持续掌握谈话的控制权（话语权）。
3. 封闭式提问很容易回答，可以缓解气氛。
4. 封闭式提问可以迅速得到答案。

二、开放式提问

开放式提问一般以"是什么""为什么""怎么样"或者"请描述"等短语开头，是谈话过程中使用最多的提问方式。这些提问的特征和用途：

1. 开放式提问通常用于寻求回答者的想法，观察回答者的反应。
2. 开放式提问能帮助提问者获取不同人的观念和感觉。
3. 开放式提问会让谈话控制权交到回答者手中。

转载自：http：//www.xphabit.com/article/4003.html.

## 03 正面意义重构

专业目标　同样的词语从不同角度理解就有不同的意思，案主常常从消极的角度给自己评价，这就需要社会工作者从积极的角度给案主的评价重新下定义，从而使案主增强自信心，从而以积极乐观的心态面对困难。

**适合人群** 缺乏自信的人群。

**适宜人数** 以每次1人为宜。

**建议时间** 以15—20分钟为宜，可以根据现场效果，适当调整游戏时间。

**场地要求** 安静的室内。

**物资准备** 桌子一张，椅子两把，饮用水两杯。

**游戏规则**

• 案主说出自己的缺点，由社会工作者从积极的角度给案主的评价重新下定义。例如，做事情很慢——做事细心、不急躁。轻信——善良；软弱——乖巧、谦让；自卑——对自己有要求；犹豫——考虑周到；敏感——在乎别人感受等。

**适用说明**

• 社会工作者要从案主所说的缺点出发，转变为有理有据且相关的优点。

• 社会工作者在意义重构过程中，要根据案主状态，尽量贴合案主实际情况。

**社会工作者引导**

在游戏结束后，社会工作者要通过案主在游戏过程中的表现来引导其说出自己的感受和变化。社会工作者可以询问："你认为通过这个游戏，你学到了什么?""你能跟我多说几个你的缺点并像我刚才做的那样给自己用积极的一面重新定义吗?""当你发现自己的缺点从某种意义上来说也是一种优点，你有什么感受?"

**参与者说**

我觉得这个游戏帮我找回了一些自信，容易轻信别人、做事瞻前顾后等本来都是我的缺点，社会工作者姐姐却换了一种正面的方式来解释。让我觉得很多事、人的很多特质都是具有两面性的，关键在于你从哪一面去看。以前我总是看到这些"缺点"给我带来的不好的结果，以后我不管看待别人还是自己都要多看看另一面。

## 04 说反话

专业目标　锻炼案主的反应能力，通过简单的趣味小游戏使案主放松心情打开心扉，使案主接纳社会工作者，拉近案主与社会工作者之间的距离。

适合人群　无特定人群。

适宜人数　以每次 1 人为宜。

建议时间　以 5—10 分钟为宜，可以根据现场效果，适当调整游戏时间。

场地要求　安静的室内。

物资准备　无。

### 游戏规则

● 社会工作者提问，案主回答必须是反着说，本来是“是”的却要回答“不是”。

举例：

1. 你是男人吗（问男生）？　答：不是。
2. 你平时刷牙吗？　答：不刷。
3. 你会笑吗？　答：不会。

● 接着，以同样的方式由案主做提问者，社会工作者做回答者，重新开始游戏。

### 适用说明

● 在提问时，社会工作者要注意把控问题的尺度，避免提问使对方感到不舒适的问题。

● 同时尽量选择提问一些趣味性较强的问题，以使案主放下戒心，从而便于后面活动的进行。

### 社会工作者引导

在游戏结束后，社会工作者要通过案主在游戏过程中的表现来引导其说出自己的感受和变化。社会工作者可以询问："你认为通过这个游戏，你的感受是什么？""你认为如何锻炼人的反应能力？"

**参与者说**

这是一个充满趣味性的游戏，答案必须反着说这非常考验人的反应能力和逻辑思维能力，刚开始几次我都忍不住要脱口而出正确答案。通过游戏可以帮助我很好地静下心来专注于一件事，也能帮助我放松心情。

## 05 反话先生/反话小姐

**专业目标** 锻炼案主的反应能力，通过简单的趣味小游戏使案主放松心情打开心扉，使案主接纳社会工作者，拉近案主与社会工作者之间的距离。同时帮助案主增强自信，提高自我认同感。

**适合人群** 无特定人群。

**适宜人数** 以每次 1 人为宜。

**建议时间** 以 5—10 分钟为宜，可以根据现场效果，适当调整游戏时间。

**场地要求** 安静的室内。

**物资准备** 无。

**游戏规则**

• 案主说出描述自身或者周围环境的一句话，社会工作者用相反的意思重新表述出这句话。几轮过后，社会工作者与案主角色互换，社会工作者说出关于案主的一句话，案主用相反的意思表达出来。

1. 案主：今天天气真糟糕。
   社会工作者：今天天气特别棒。
2. 案主：我很胖。
   社会工作者：你很瘦。

3. 社会工作者：你是个不太可爱的人。
   案主：我是个非常可爱的人。
4. 社会工作者：有人不愿意跟你做朋友。
   案主：所有人都愿意跟我做朋友。

适用说明

● 在说反话过程中，社会工作者要注意语调与神态，当案主说出对自身否定的话语时，社会工作者应使用坚定的语气对案主进行肯定；当案主说出肯定自身的话语时，社会工作者可以使用玩笑的语气或夸张的状态说出反话，避免案主当真，挫伤其自信心。

● 为了使案主更好地对社会工作者敞开心扉，该游戏可以多进行几轮，增强趣味性。

社会工作者引导

在游戏结束后，社会工作者要通过案主在游戏过程中的表现来引导其说出自己的感受和变化。社会工作者可以询问："在游戏过程中，你为什么要说……能跟我谈谈吗？""通过这个游戏，你的感受是什么？"

为师者说

两个反话游戏的侧重点不同，第一个侧重趣味性，适合年龄比较小的孩子，喜欢说反话的孩子，或者让高龄老人参与这个游戏，锻炼他们的反应能力。第二个反话游戏侧重社会工作者改变和影响案主的想法，让案主能够听到不同评价和声音，以便检视自己可能偏激的认识。

## 06 树洞

专业目标　使案主在无外人干扰的情况下倾诉出自己的内心情感，说出自己的困扰，释放自己的心理压力，同时帮助社会工作者捕捉到案主的情感困境，以便于后续针对性活动的开展。

**适合人群** 青少年人群。

**适宜人数** 以每次1人为宜。

**建议时间** 以1—2小时为宜，具体时间以案主自身需要为准。

**场地要求** 带有单向玻璃墙的心理放松室。

**物资准备** 茶几、椅子、绿植、抱枕、适量书籍、热水、纸巾、一个充当树洞的玩偶。

**游戏规则**

• 在案主进入心理放松室前，社会工作者需帮助案主放松心情，告诉案主该放松室是绝对秘密安全的，帮助案主卸下心防，放心彻底地倾诉出心中所想。

• 案主独自进入心理放松室，对着玩偶倾诉出自己心中情感，社会工作者在放松室外注意观察案主的状态并做好记录。

• 案主离开放松室后，社会工作者可带领案主适当调节心情，避免直接针对案主内心情感进行讨论。

**适用说明**

• 放松室的布置尽量温馨自在，避免给案主以封闭压迫感。

• 若案主对于面对玩偶主动说出心事有一定困难，社会工作者可以适当使用话筒设备，假装玩偶与案主进行对话。

• 倾诉结束之后，社会工作者应避免直接针对案主倾诉内容进行评论，以免带给案主秘密被别人窥视的窘迫感，拉远案主与社会工作者之间的距离。

• 此游戏尤其适用于青少年人群，帮助青少年纾解压力，解决现实中遇到的难题。

**社会工作者引导**

在游戏开始前，社会工作者可以通过音乐或者诗歌帮助案主放松心情、带入情景；在游戏结束后，社会工作者避免直接针对案主内心情感进行讨论，可以询问案主是否需要饮水、散步、休息等。

示例漫画

## 07 给未来的自己的一封信

**专业目标** 在服务临近结束时，帮助案主对未来进行规划，从而达到更好的服务效果。

**适合人群** 无特定人群。

**适宜人数** 以每次 1 人为宜。

**建议时间** 以 30 分钟左右为宜，具体时间以案主自身需要为准。

**场地要求** 安静的室内。

**物资准备** 桌椅、纸笔、小瓶子。

游戏规则

- 社会工作者引导案主给一年后的自己写一封信，内容包括希望一年后的自己拥有什么状态，在这一年之中自己需要完成的任务，以及邀请一年后的自己回顾这一年里自己的变化等。
- 信件写好之后由案主将信封存在小瓶子中，交给社会工作者保管，并约定好一年后的一个时间，两人一起打开瓶子进行回顾。

适用说明

- 为了达到更好的服务效果，社会工作者通过此游戏使案主制订规划尤其适用。该游戏通过给未来的自己写信的方式，能够唤起服务对象对生活的信心，增强努力生活的动力。

- 社会工作者需提醒案主在信中更多涉及计划与期望类话题，适当减少抒情的篇幅。
- 社会工作者需注意务必要完成一年后与案主共同打开瓶子的步骤。
- 该游戏不仅适用于个案工作中，同时也适用于小组工作的后期阶段，当小组即将解散时，通过给未来的自己写信的方式能够舒缓小组离别的悲伤情绪，同时也给现在的小组成员定下目标，能够让小组成员继续成长。

## 社会工作者引导

游戏前期，社会工作者可以向案主介绍对未来进行规划的作用；游戏过程中社会工作者可以提醒案主信的内容可涉及的各方面；游戏结束后，社会工作者可以询问案主：“通过这个游戏，你是否对自己的未来有了一个更清晰的规划？”“通过这个游戏，你的感受是什么？”“通过这个游戏，你是否更有自信去面对今后的生活？”在一年后，当案主重新对一年前写给自己的信进行回顾时，社会工作者可以询问：“看到一年前的信，你有什么感受，为什么？”“你觉得你是否成为一年前你想成为的自己，做到了一年前你想做到的事？”“（如果是）你是怎么做到的？/（如果不是）你为什么没有做到？”

## 示例图片

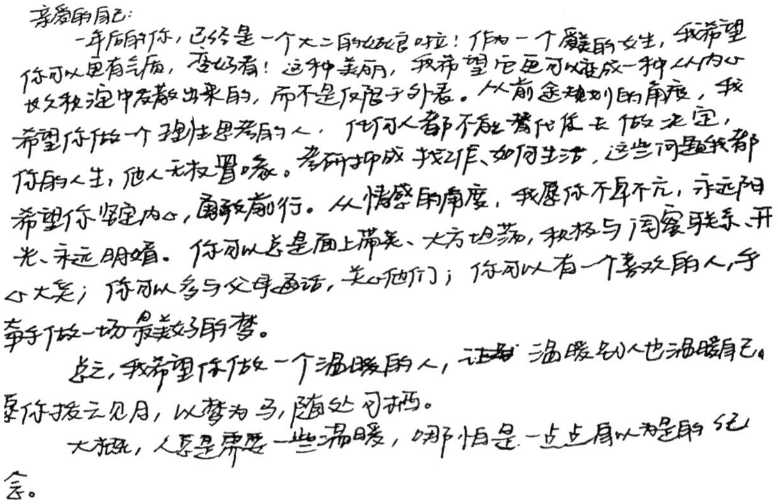
亲爱的自己：
一年后的你，已经是一个大二的姑娘啦！作为一个爱美的女生，我希望你可以更有气质，更好看！这种美丽，我希望它更可以变成一种从内心长久积淀中散发出来的，而不是仅限于外表。从前途规划的角度，我希望你做一个理性思考的人，任何人都不能替代你去做决定，你的人生，他人无权置喙。考研抑或找工作、如何生活，这些问题我都希望你坚定内心，勇敢前行。从情感的角度，我愿你不卑不亢，永远阳光、永远明媚。你可以总是面上带笑、大方坦荡，积极与同窗联系、开心大笑；你可以多与父母通话，关心他们；你可以有一个喜欢的人，手牵手做一场最美好的梦。
总之，我希望你做一个温暖的人，温暖别人也温暖自己。愿你拨云见月，以梦为马，随处可栖。
大概，人总是需要一些温暖，哪怕是一点点自以为是的纪念。

图片来源：青岛理工大学 2016 级社会工作专业学生

# 第二节　小组游戏

## 01 心花朵朵开（小组前期游戏 1）

**专业目标** 提高团体的凝聚力、向心力与合作精神，促进人际关系的发展，活跃小组氛围。

**适合人群** 无特定人群。

**适宜人数** 以 10—40 人为宜，当人数过多时，社会工作者要注意使用扩音设备，保证游戏的安全性；当人数过少时，游戏效果可能不太明显。

**建议时间** 以 10—20 分钟为宜，可以根据现场效果，适当调整游戏时间。

**场地要求** 空旷安静的场地。

**物资准备** 扩音器。

**游戏规则**

- 小组成员手拉手围成大圆圈，社会工作者站在圆圈中央。
- 大圆圈一起向右走，边走边唱歌；唱到一半时，社会工作者讲“春天到，百花开”；其他人停止唱歌，仍继续往右走，边走边问“开什么花”；社会工作者回答任何一种花后，其他人又问“开几朵”；社会工作者回答说几朵时，其他人就以社会工作者所说几朵聚成一堆。
- 其余凑不到一堆者遭淘汰，以此类推，直到剩一人或没有人为止。

**适用说明**

- 该游戏的适用范围较广，但是社会工作者要充分考虑小组成员的身体健康状况、活动能力等特征。游戏中要时刻提醒小组成员注意安全。
- 游戏人数不能过少，要考虑现场参与人数的多少来报出合适的数字。

- 社会工作者在下达口令时，声音需要洪亮准确。

**社会工作者引导**

在游戏结束后，社会工作者主要通过小组成员的表情动作的变化来引导小组成员说出自己内心的变化。社会工作者可以询问："你被淘汰了，你是什么心情?""你在游戏中被两队抢着拉过去，你当时有什么感受?""通过这个游戏，你认为怎么才能更好地融入一个团体?"

图片来源：青岛理工大学2016级社会工作专业学生　课堂技能训练

## 02 我是一名厨师长（小组前期游戏2）

**专业目标** 活跃现场气氛，通过游戏让小组成员知道彼此的名字，增加小组成员的熟悉度，加强小组成员对活动的认同，通过近距离的接触来减少距离感。

**适合人群** 无特定人群。

**适宜人数** 以10—20人为宜，当人数过多时，社会工作者要注意使用扩音设备，保证游戏的安全性；当人数过少时，游戏效果可能不太明显。

**建议时间** 以10—20分钟为宜，可以根据现场效果，适当调整游戏时间。

**场地要求** 空旷安静的场地。

**物资准备** 椅子若干、欢快的音乐、小音响。

### 游戏规则

• 首先大家围坐一圈，选出一名小组成员当厨师长，绕着大家走。

• 在走的过程中，厨师长要挑选出他做的菜所需要的东西和作料，当他说到某样东西并点到一个人的肩膀时，这个人也需要跟着厨师长围着大家走。

• 当厨师长准备好要烹调的东西时，需要喊："下锅！"此时请大家以最快速度找到座位坐下，若没抢到座位的就当下一任厨师长。

### 适用说明

• 该游戏适合小组初期，担任厨师长的人可以发挥想象力，想些有趣的作料及做些好玩的动作，游戏最后可以把所有人都点起来绕着圆圈跑。

• 该游戏有一些跑跳动作，社会工作者需要在游戏过程中不断提醒小组成员注意安全。

• 游戏过程中，社会工作者注意观察现场的气氛，当气氛没有完全调动起来时，可以适当延长游戏时间或增加游戏难度，而当游戏气氛过于热烈无法掌控时，可以适当缩短游戏时间。

### 社会工作者引导

在游戏结束后，社会工作者主要通过小组成员的表情、动作的变化引导小组成员说出自己内心的变化。社会工作者可以询问："你是第一局就没有抢到空位，你的心情如何？""你被淘汰后，你有什么感受？""在这个游戏中你觉得需要小组成员具备什么样的能力？"。

### 为师者说

具有相同功能的游戏还有"虎克船长"，一艘大船遇难，虎克船长带着游戏参与者上小船逃难，虎克船长边绕着圈走，边叫上参与者的名字，然后差不多都被叫起来后，大家抢座位。这类游戏比较活跃，在活动中大家记住彼此姓名，既可以破冰暖场又可以彼此相识。

## 03 猜猜我是谁

**专业目标** 通过本次活动，在互动的过程中加深小组成员对自己和他人的认识以及了解，促进团结友爱的小组团魂的建立，以达到融合、团建的效果。

**适合人群** 无特定人群。

**适宜人数** 以10—40人为宜，当人数过多时，社会工作者要注意使用扩音设备，保证游戏的安全性；当人数过少时，游戏效果可能不太明显。

**建议时间** 以10—20分钟为宜，可以根据现场效果，适当调整游戏时间。

**场地要求** 空旷安静的场地。

**物资准备** 椅子若干、帽子两个、纸片、笔若干。

### 游戏规则

- 小组分为两队，游戏分为五轮，队内队员需要交流、排兵布阵。
- 每一轮每队分别派出一名参赛者，戴上贴有自己队队员名字卡片的帽子（小组成员事先不知道是谁），面对面站立，通过提问对方关于帽子上的人的外貌特征、性格、喜好等问题（除具体名字）来猜出自己帽子上贴的是谁的名字，每一轮两名参赛者每人有三次提问题的机会，有一次答错的机会（提问顺序由每一轮出战者剪刀包袱锤决定）。
- 首先答对队员名字的参赛者的所在队伍积一分，其次所有人依次对没有成功被指认的队员进行一句话描述，描述完成后，猜错者走到自己未猜出的需要指认的队员面前，与其握手并说出：“很高兴，重新认识你，×××（名字）。”
- 社会工作者手里有写着每一名组员名字的卡片（保密）并且全部打乱，两队分别为对方抽取卡片。最后，积分多的队伍胜利，社会工作者引导大家分享游戏的感受，最后两队拥抱，游戏结束。

### 适用说明

- 该游戏适用于小组前期，让全部小组成员互相了解，打破组内的“小圈子”，使小组更加团结。

• 其他未参与本轮游戏者必须保持沉默，认真观察，一经发现有给自己队员传递消息者，视其队伍本轮弃权。

• 游戏过程中，社会工作者需要注意控制现场，观察小组成员的神态，正确引导小组成员参与游戏。

**社会工作者引导**

在游戏中，社会工作者记录好小组成员的挑战是否成功，在游戏结束后可以询问："在游戏中，你能够迅速地猜出队员的原因是什么？""在游戏中，你觉得他应该是谁？你为什么觉得是他？能说说几点你确信的理由吗？""通过这个游戏，你觉得自己有没有更深入了解小组的其他成员？""如果你觉得你对小组其他成员还不够了解，游戏结束后你打算怎样增进你们彼此的认识？"

**参与者说**

这个游戏很好地帮助我加深了对组员的认识，为了赢得游戏，我们小组经过讨论后迅速在组员间作了简短的包含 4—5 个关键词的自我介绍（性格、衣着、外貌），在最短的时间内让每个人记住其他人最鲜明的 2—3 个特征。我觉得这个办法还是很有效的，既能在短时间内对组员有一个简单明了的认识又能够赢得比赛。

## 04 金鸡独立

**专业目标** 通过游戏使小组成员互相认识，建立关系，打破小组初期陌生的氛围，打破僵局，营造良好的气氛。

**适合人群** 无特定人群。

**适宜人数** 以 10—40 人为宜，当人数过多时，社会工作者要注意使用扩音设备；当人数过少时，游戏效果可能不太明显。

**建议时间** 以 10—20 分钟为宜，可以根据现场效果，适当调整游戏时间。

**场地要求** 空旷安静的场地。

**物资准备** 旧报纸、笔若干。

**游戏规则**

- 组员分为男女两组，每组人数相同。
- 每组一张报纸，按人数划分均等格数，每人站在一格上。
- 先各派出一名代表猜拳，胜方可以撕掉对方任何一格报纸。
- 要令对方不得不金鸡独立，哪组若有人站到报纸范围之外便算输。

**适用说明**

- 该游戏适用人群较为广泛，几乎所有人群都可以玩此游戏，通过游戏可以活跃氛围。
- 过程中，社会工作者需要有较强的控场能力，维持好现场秩序，保证游戏的安全性。同时需要不断观察小组成员的状态，适当调整游戏。
- 游戏过程中，社会工作者注意观察现场的气氛，当气氛没有完全调动起来时，可以适当延长游戏时间或增加游戏难度，而当游戏气氛过于热烈无法掌控时，可以适当缩短游戏时间。

**社会工作者引导**

社会工作者注意现场的氛围以及小组成员的神态，社会工作者可以询问：“在游戏中，你认为你们小组能够最终成功的原因是什么?”“你认为这个游戏想要成功需要哪些技巧?”“你认为这个游戏有没有拉近组员间的距离，能具体说说吗?”

**游戏贴士**

## 小组工作开始阶段特点

一、开始阶段组员的一般特点

1. 矛盾的心理与行为特征。
2. 小心谨慎与相互试探。
3. 沉默而被动。
4. 对社会工作者的依赖性。

二、社会工作者的任务

1. 协助小组组员彼此认识以消除陌生感。

2. 强化小组组员对小组的期望，提高他们对小组目标的认识。

3. 讨论保密原则和建立契约。

4. 制定小组规范。

5. 塑造信任的小组气氛。

6. 形成相对稳定的小组关系结构

三、社会工作者的角色和责任

领导者、鼓励者、组织者。

参考全国社会工作者职业水平考试教材编写组．社会工作综合能力（中级）[M]．北京：中国社会出版社，2018.

## 05 冰海沉船（小组中期游戏1）

**专业目标** 在小组中期面对矛盾、冲突等问题时，让小组成员可以重新认清价值观、修正信念，推动小组可以继续顺利发展。

**适合人群** 无特定人群。

**适宜人数** 以10—40人为宜，当人数过多时，社会工作者要注意使用扩音设备；当人数过少时，游戏效果可能不太明显。

**建议时间** 以15—25分钟为宜，可以根据现场效果，适当调整游戏时间。

**场地要求** 安静的室内。

**物资准备** 相关音频文件、音响。

**游戏规则**

- 社会工作者播放有关《泰坦尼克号》沉船过程的音乐，渲染气氛。
- 社会工作者引领小组成员参与这一模拟过程，从“沉船信号响起”到“最终沉船”，小组成员自由作出对此过程的反应，社会工作者也需在这一过程中对小组成员进行鼓励和引导，使小组成员可以互相帮助，勇于献身。
- 过程结束，小组成员间互相交流、分享。

## 适用说明

• 该游戏适用于小组中期，小组遇到冲突以及成员陷入两难困境时，通过此游戏使小组可以顺利进入成熟和谐阶段。

• 社会工作者在选择音乐时，应注意成功渲染现场气氛，将模拟过程变得更为真实并且在小组成员模拟过程中，需注意引导和带领，以达到游戏目的。

• 当现场氛围较为紧张以及离别情绪较高时，游戏效果体现会更加明显，小组成员会更好地认识和了解牺牲个人、为他人着想所带来的能量，重新认清价值观、修正信念，并且体会到小组所带给个人的力量。

• 该游戏紧张和凝重的氛围以及对灾害的模拟较强，不适用于有过创伤并且无法接受的人群，因此社会工作者在游戏开始前，应对该游戏的特性以及可能出现的消极情绪作详细讲解。

## 社会工作者引导

社会工作者可对在游戏过程中表现较为突出的几个小组成员询问："你在游戏过程中为什么会选择这样做?""你觉得在这种情况下，应该先集体还是先个人？为什么?""你认为这个游戏对你有什么启发?""通过这个游戏，在今后的小组中，你将会怎么做?"社会工作者可以从小组成员之间互相帮助以及小组关系之后如何走向的方向进行引导。

## 为师者说

此游戏也可以设计成先播放《泰坦尼克号》相关片段，让参与者模仿其中角色，体会沉船过程中人们的心情和感受，引导参与者对牺牲和获救的价值进行讨论。

## 06 过桥抽板（小组中期游戏 2）

**专业目标** 增强个人的自信心和小组的团结协作能力，增进小组成员间相互信任、团结合作精神，并进一步促进成员间沟通交流，培养乐于与人相互共事的态度。

**适合人群** 无特定人群。

**适宜人数** 以 5—10 人一组为宜，当人数过少时，游戏效果体现不明显。

**建议时间** 以 10—15 分钟为宜，可以根据现场效果，适当调整游戏时间。

**场地要求** 空旷平坦的场地。

**物资准备** 纸板（每块纸板略小于一组小组成员全部站立的面积）若干。

**游戏规则**

• 每个小组分有两块纸板，同一小组的所有小组成员在活动场地的一端先站立到一块纸板上，然后把另一块纸板移动到前方，再变换站立到前方纸板上，不断地重复以上动作。

• 依次操作，不断循环，直至到达另一端为止，在此过程中小组成员的任何身体部分不可接触地面，如接触地面需从起点重新开始。

**适用说明**

• 该游戏适用于小组中期，对小组的建设并使小组走向成熟阶段起到重要的作用，有利于小组成员之间加强合作，促进沟通和交流，为成熟阶段更好的发展起了一定基础作用。

• 在游戏过程中，社会工作者需时刻关注小组成员的状态和行动，避免出现违规情况，并且在开始前需要提醒小组成员们注意相关安全事项，在过程中时刻提醒注意安全，避免摔倒和意外情况发生。

• 通过现场情况以及团队需要，可以适当地增加游戏难度，可将纸板面积减小并将路程距离增加。

**社会工作者引导**

社会工作者可向在游戏过程中表现较为突出的几个小组成员询问："你在游戏过程中为什么会选择这样做?""你觉得这个游戏最重要的并最需要注意的是什么?""你认为小组如何才能成功地到达终点?"社会工作者可从小组成员之间互相帮助以及小组之后成员关系的走向进行引导。

**参与者说**

小组成员的配合、沟通以及内部规则的建立在游戏中显得尤为重要。刚开始，虽然我们小组的每个人都希望能够顺利完成任务，但在前几次尝试中，因为大家没能够很好沟通，所以在换纸板的过程中就没有默契，总有人不小心踩到地上。后来，我们经过商量，给每个组员编了号并安排了移动的顺序、谁负责换纸板、谁先站到换到前方的纸板上去等，大家有了移动的规则，很快就完成了挑战。我觉得不论是玩游戏过程中还是日常的学习工作中，只要是以小组或者团队为单位去完成一件事，事先充分的沟通以及内部规则/秩序的建立都很重要。

## 07 放飞机

**专业目标** 通过放飞机使小组的稳定性增强，更好地提高小组成员的满足感和愉悦感，降低小组成员的焦虑，提升小组的认同感，使小组更加凝聚。

**适合人群** 无特定人群。

**适宜人数** 以10—20人为宜，当人数过多时，社会工作者要注意使用扩音设备，保证游戏的安全性；当人数过少时，游戏效果可能不太明显。

**建议时间** 以10—15分钟为宜，可以根据现场效果，适当调整游戏时间。

**场地要求** 空旷的室外。

**物资准备** 若干张纸和笔。

**游戏规则**

• 请组员在纸上写下自己的个人资料来形容自己的性格，资料越多越好，但不可以写外貌特征，亦不可让别人看到纸上的内容。几分钟后，请组员将纸折成飞机（注意飞机头不宜折得太尖，以免伤到人）。

• 然后组员围成圈站好，社会工作者告诉大家：现在每架飞机内有一名乘客，请大家闭上眼。社会工作者下达命令："1，2，3，起飞！"每人把飞机抛上天，然后捉住任意一架飞机。

• 大家每人拿完一架飞机后，回到座位上拆开纸飞机，按纸上资料猜测这人是谁，然后按照顺序，把自己手上的纸飞机放到自己认为的那个人手上。

**适用说明**

• 游戏过程中，社会工作者要注意引导小组成员进行深入思考，同时要维持好现场秩序。

• 该游戏适合在小组的转换阶段进行，转换阶段是小组冲突比较多的阶段，成员之间彼此试探之后，一些意见不合之类的问题就会浮现出来，在这个时候放飞机的活动就会使小组更加和谐地度过这个阶段，使小组更加凝聚，成员更加了解彼此，增加情感的交流。

**社会工作者引导**

社会工作者可以向在游戏过程中较为突出的几个小组成员询问："你是凭借什么选择正确的？你觉得你对小组成员的了解度是什么样的？"以及向选择失误的成员询问："你觉得是哪一个方面阻碍了你？"社会工作者可以以小组成员之间的关系作为方向进行引导。

**游戏贴士**

### 小组工作中期阶段特点

一、中期阶段组员的一般特点

1. 对小组具有较强的认同感。

2. 互动中的抗拒和防卫心理。

3. 角色竞争中的冲突。

二、社会工作者的任务

1. 处理抗拒行为。

2. 协调和处理冲突。

3. 保持组员对整体目标的认识。

4. 协助组员重新建构小组。

5. 适当控制小组的进程。

三、社会工作者的角色和责任

协调者、引导者、调解者、支持者。

参考全国社会工作者职业水平考试教材编写组. 社会工作综合能力（中级）[M]. 北京：中国社会出版社，2018.

## 08 给你一颗糖（小组后期游戏 1）

**专业目标** 使小组成员在小组后期积极表达对小组其他成员的感谢，在小组中感受到鼓励与被鼓励的感觉，提高自信心。

**适合人群** 无特定人群。

**适宜人数** 以 10—40 人为宜，当人数过多时，社会工作者要注意使用扩音设备，保证游戏的安全性；当人数过少时，游戏效果可能不太明显。

**建议时间** 以 10—15 分钟为宜，可以根据现场效果，适当调整游戏时间。

**场地要求** 安静的室内。

**物资准备** 若干糖果。

### 游戏规则

- 小组成员围坐在一起，社会工作者总结本次小组活动，让小组成员谈谈本次活动中自己的感受，并让组员想一想这次活动中自己认为表现好的组员或者需要大家鼓励的组员。
- 由社会工作者将事先准备的糖果分发给每个小组成员，每人 5 颗。
- 小组成员将自己的糖果送给小组其他成员，并要求每送 1 颗糖就要向对方说出你欣赏他的一个地方或者鼓励他的一句话，直到最后糖果送完为止。

**适用说明**

● 该游戏适用于小组工作每次活动结束后，需要对小组成员进行评价时举办，也可以在整个小组工作后期用来表达对小组其他成员的感谢，帮助小组成员学会勇于表达。

● 该游戏之前需要社会工作者进行工作总结，引导小组进行情感交流。同时社会工作者在活动进行时需要控制好现场的秩序，使活动在一个轻松愉快的气氛中进行。

**社会工作者引导**

社会工作者可以询问组员："在这个游戏中你收获了许多糖果，你能谈谈你现在的心情吗?""在游戏中，我发现你把大部分糖果都给了他，能说说他身上有什么优点能够让你欣赏?""通过这个游戏，你觉得自己有没有更自信?你觉得自己有什么收获?"

**为师者说**

该游戏中糖果是甜蜜的象征，互相赠送糖果有活跃气氛的作用。但如果受到经费等限制，可以将糖果用写满祝福的纸条代替。建议社会工作者也参与赠送糖果，如果游戏中出现某人所得糖果很少，社会工作者有意识地多赠送给他，并借机表达对他的肯定，也让其他参与者更多地认同他。

## 09 牵手人生（小组后期游戏 2）

**专业目标** 在小组后期即将解散时，通过该游戏让小组成员感受到人生中总会有人陪你走过一段，但是他总有离开的时候，但仍然不要担忧，仍然会有其他人牵起你的手。

**适合人群** 无特定人群。

**适宜人数** 以 10—40 人为宜，当人数过多时，社会工作者要注意使用扩音设备，保证游戏的安全性；当人数过少时，游戏效果可能不太明显。

**建议时间** 以5—10分钟为宜，可以根据现场效果，适当调整游戏时间。

**场地要求** 空旷安静的场地。

**物资准备** 眼罩、舒缓的音乐、音响。

**游戏规则**

- 小组中选一个人站在中间，闭上眼睛或者戴上眼罩。小组其他成员站在他周围。
- 伴随着舒缓的音乐，小组中的其他成员，慢慢经过中间的人，拉起他的手，可以牵着他的手走一段路程，也可以轻轻掠过他的手，也可以紧紧握住他的手。
- 一轮结束后，社会工作者引导站在中间的人和其他成员说出自己的感受，然后选择其他人再次进行游戏。

**适用说明**

- 该游戏适用于小组后期，小组即将解散时，更好地处理小组成员的离别情绪，也可以用于让小组成员体验人生。
- 游戏过程中，社会工作者应该维持好秩序，现场应保持安静。
- 在游戏过程中，社会工作者应该注意小组每个成员的表情与动作的变化，在游戏结束后，引导小组成员说出自己的感受。

**社会工作者引导**

社会工作者在游戏之前，需要引导小组成员进入特定的场景中，例如“人生匆匆，生命里有许多过客，他们陪伴你的时间或长或短……”在游戏结束后，社会工作者可以询问小组成员：“在游戏中，有的人拉起你的手陪你走了一段路，但有的人只是轻轻掠过你的手，你当时是什么样的心情，你有什么样的感受？”“通过这个简短的游戏你能够联想到人生的哪些事情？”

**为师者说**

该游戏对于现场的要求较高，需要参与者遵守规则不能偷看，也需要提醒带着别人走路的参与者，按照自己内心的想法去做，特别是如果感到牵手尴尬的话，可以用小手指勾起中间人的手，要注意安全和照顾对方的感受。

## 10 最佳人缘奖（小组后期游戏 3）

**专业目标** 在小组的整个活动期间，小组成员取得进步，通过游戏回顾和反思，鼓励大家彼此欣赏，说出对他人的赞美。

**适合人群** 无特定人群。

**适宜人数** 以 10—40 人为宜，当人数过多时，社会工作者要注意使用扩音设备；当人数过少时，游戏效果可能不太明显。

**建议时间** 以 10—20 分钟为宜，可以根据现场效果，适当调整游戏时间。

**场地要求** 安静的场地。

**物资准备** 若干张纸、笔，礼物一份。

**游戏规则**

• 每人 5 张纸，如有需要可多取。

• 社会工作者在白板上写出以下的句子：

“多谢________，当我________时，你________，使我感到________。”

• 每个组员进行思考，哪些组员曾给予你帮助：包括安慰、帮助、劝勉等，用上述句子简单表达出来，每写一人用一张纸。

• 5—10 分钟后，社会工作者收集纸张宣读内容，按名字把纸张交给各人。

• 得纸最多的人，表示他被最多人欣赏，可送一份礼物以示鼓励。

• 最后，社会工作者总结各人欣赏的行为种类及这些行为对别人的影响，引导大家分享。

**适用说明**

• 该游戏之前需要社会工作者进行工作总结，引导小组进行情感交流。同时社会工作者在活动进行时需要控制好现场的秩序，使活动在一个良好的气氛中进行，避免任何一名小组成员游离在团队之外。

• 游戏适合在小组后期进行，当小组活动即将结束时，表达对小组的感谢以及对他人的赞美，增强自己的自信心。

• 游戏过程中，社会工作者需要注意观察每名小组成员的神态，不能因为时间的原因放弃任何一名小组成员，确保让每名小组成员都感受到被尊重。

**社会工作者引导**

社会工作者可以询问："在这个游戏中你收到了许多感谢卡片，你能谈谈现在的心情吗，你觉得自己为什么能得到这么多感谢?""在游戏中，我发现你很感谢他，能说说他身上有什么优点能够让你欣赏?""通过这个游戏，你觉得自己有没有更自信? 你觉得自己有什么收获?"

**游戏贴士**

**句子示例**

"多谢美美，当我有烦恼时，你能够耐心地听完我的倾诉，使我感到安慰。"

"多谢小兰，当我不被其他组员理解时，你能够一直陪在我身边、给我鼓励，使我感到很温暖并有了继续加油的勇气。"

"多谢嘉怡，当我在做活动没找到搭档时，你主动提出愿意跟我搭档帮我避免了尴尬，使我感到自己有了被重视的感觉。"

## 11 网络小结（小组后期游戏 4）

**专业目标** 在小组即将结束后，通过此游戏能够帮助小组成员走出离别的伤感，同时体验到即使小组解散，组员们的关系依然紧紧连接。

**适合人群** 无特定人群。

**适宜人数** 以 10—40 人为宜，当人数过多时，社会工作者要注意使用扩音设备；当人数过少时，游戏效果可能不太明显。

**建议时间** 以 10—20 分钟为宜，可以根据现场效果，适当调整游戏时间。

**场地要求** 空旷的场地。

**物资准备** 大绒线团、小音响。

**游戏规则**

- 首先，小组成员围成一个松散的圆圈。
- 伴随着和缓的音乐，从小组成员中的某一个人开始，左手抓住绒线团的绳头，说几句最深刻的体会感想，接着把绒线团任意扔给另外一个人。接到绒线团者左手指钩住绒线，也说几句感想，将绒线团再扔给别人……如此一直进行下去直至绒线团用完，使圆阵形成一个互相交叉的网络图。
- 每个小组成员发表自己的感受，互相勉励一番。

**适用说明**

- 该游戏之前需要社会工作者进行工作总结，引导小组进行情感交流。同时社会工作者在活动进行时需要控制好现场的秩序，使活动在一个良好的气氛中进行。
- 游戏适合在小组后期进行，当小组活动即将结束时，表达对小组的感谢以及对他人的赞美，也可回顾总结自己的提升。
- 社会工作者要注意绒线团的长度，尽量选长度较长的线球。如果存在小组成员没有分到绒线球的情况，社会工作者可以引导小组成员站得稍紧密一些，不能因为任何原因放弃任何一名小组成员，确保让每名小组成员都感受到被尊重。

**社会工作者引导**

社会工作者注意小组成员在游戏过程中的表情与动作来引导小组成员进行分享。社会工作者可以问小组成员：“当你看到自己手中的线与其他人紧密地缠绕在一起，你觉得这个网像什么？通过这个网你联想到生活中的哪些事情？”“通过这个游戏你对人际圈有什么更深的认识？”“此时此刻，你有什么感受？”

**游戏贴士**

### 小组工作后期阶段特点

一、后期阶段组员的一般特点

1. 小组的凝聚力大大增强；

2. 组员关系的亲密程度更高；

3. 组员对小组充满了信心和希望；

4. 小组的关系结构趋于稳定。

二、社会工作者的任务

1. 维持小组的良好互动；

2. 协助组员从小组中获得新的认识；

3. 协助组员把认知转变为行动；

4. 协助组员解决有关问题。

三、社会工作者的角色和责任

信息资源提供者和链接者、小组及组员能力的促进者、小组的引导和支持者。

参考全国社会工作者职业水平考试教材编写组．社会工作综合能力（中级)》［M］．北京：中国社会出版社，2018：170－177.

# 第三节 社区游戏

## 01 社区币

**专业目标** 使社区内的居民可以更好地融入社区生活，社区和居民之间的联系更为密切，让居民认可和支持社区内开展的工作和活动，提高居民的社会意识，增强社区凝聚力，促进社区进步。

**适合社区** 以有社区公共服务设施（例如，社区超市）的社区为宜。

**建议时间** 时长以一年为宜，一年内积分累加，并在这一年内或一年后的两个月内随时兑换，如果时长过长，将会出现积分累计混乱或丢失现象，不易于居民利益实现以及社区形象培养。可以根据具体实施情况，适当调整游戏时间。

**场地要求** 无特定要求。

**物资准备** 社区公共服务设施（例如，社区超市）内的所有物品、资源等。

**游戏规则**

• 社区内的居民根据每年参与的社区活动的次数兑换社区币，参与一次社区活动，获得 10 个社区币，按户累计（包括特殊情况如一人一户也算在内），不按照人头计算。

• 根据所得的社区币，可以在社区超市或指定超市等社区公共设施空间内兑换商品，如 50 个社区币可以兑换一提卫生纸等。

**适用说明**

• 该游戏适用于有社区超市等社区公共服务设施的社区，可以利用社区内资源解决社区问题并满足社区居民需要，有利于社区内资源的循环，居民与社区之间的联系增强，社区凝聚力提高。

- 时间以一年为宜，但是在社区内一户居民一年参加的活动并未达到兑换的社区币标准时，居民可以向社区工作者报备，将自己的社区币转记到下一年。
- 在居民最初加入社区币游戏时，可填一张意愿表，表中包含自己想参与什么样的社区活动以及最后想用社区币兑换什么样的商品，社区工作者和社区相关负责部门对民意进行录入和整理，以便社区游戏迎合民意并且提高社区的形象。

**社会工作者引导**

社会工作者可向正在参与游戏的居民进行采访，询问："你为什么会选择参与这个游戏?""你觉得社区的社区币这种形式的游戏是否贴合居民的需求?你觉得它还有什么值得改进的地方?""通过参加这个活动，你觉得你有什么感受和收获?"可从居民与社区的关系以及居民自身利益等方向出发。

**为师者说**

该游戏对居民的激励还是以外在激励为主，居民们参与活动可能是自愿性的，也可能是由于社区币兑换商品的诱惑。因此，在使用这项游戏的过程中，需对社区内参与的居民们适时交流，以便听取居民的心声以及他们对社区的期望和想法，通过举办贴近社区居民需要的活动增加居民参与的内生动力。

## 02 志愿服务银行

**专业目标** 促进居民参与并解决问题，提高社区居民的社会意识，增加社区居民的终身福利，发挥居民的潜能并培养相互关怀、彼此互济的美德。

**适合社区** 以状态较为稳定的社区为宜。

**建议时间** 无特定限制。

**场地要求** 无特定要求。

**物资准备** 无。

**游戏规则**

● 社区居民自愿参与社区志愿活动，每参加一次就往“志愿者服务银行”里储蓄一次机会，在之后居民们随年龄增长，需要帮助时，可从“志愿者服务银行”里提取机会，让社区为自己提供服务和帮助。

**适用说明**

● 该游戏适用于较为稳定的社区，比如，不会面临拆迁或社区重造等打断游戏过程的问题，得以使游戏稳定并持久进行的社区。

● 时间要求上没有上限规定，居民们如果需要社区反馈服务时，需满足现居住在参与志愿者服务银行的社区的条件，如出现搬家等情况，可去社区作一说明，社区可根据情况给予一定的帮助（利用社区内现有资源，免费剪发几次等）。

● 该游戏对社区稳定性的要求极高，并且对连续时长有明确要求，因此在社区使用此游戏时，需对社区的现状以及未来发展状况有一定认识和了解，进行一定的调查和分析，以顺利开展此游戏。

**社会工作者引导**

社会工作者可向正在参与游戏的居民进行采访，询问：“你为什么会选择志愿者服务银行?”“你觉得社区采取这种形式的游戏是否贴合居民的利益?你觉得它还有什么值得改进的地方?”“通过参加这个活动，你觉得你有什么感受和收获?”

**游戏贴士**

“时间银行”的倡导者是美国人埃德加·卡恩。1980 年，卡恩 46 岁，却经历了一次大面积心肌梗死，这次经历让他对生活有了重新的理解，他的生活方向也因此改变。所谓时间银行，是指志愿者将参与公益服务的时间存进时间银行，当自己遭遇困难时就可以从中支取“被服务时间”。

“公益 ATM”项目分为网络和实体两部分。在网络平台上，居民可以通过登录公益 ATM 板块，自助实现资源的存入、查询、预约和取出等服务；在实体平台上，居民可以将自己闲置的物品放入“公益 ATM 实体店”中，完成公益 ATM 的存入，也可以在参观“公益 ATM 实体店”后申请自己有资格申领的物资，完成公益 ATM 的取出。

资料来源：刘显仁，等．试点公益 ATM 自助“存取”爱心［N］．广州日报，2012－12－11.

## 03 跳蚤集市

**专业目标** 提高居民参与社区活动的积极性以及解决问题的能力，加强居民间的交流和沟通，增强社区凝聚力和活力。

**适合社区** 无特定社区。

**建议时间** 宣传期以两周时间为宜，并在游戏前两天发布信息通知，游戏进行以 1.5—2 小时为宜。可以根据具体实施情况，适当调整游戏时间。

**场地要求** 空旷平坦且面积较大的场地。

**物资准备** 音响，话筒。

**游戏规则**

• 社会工作者需在宣传期告知社区居民活动需准备的物品（自己用处较少的还有使用价值的物品），社区参与跳蚤集市的居民们提前 15 分钟到达规定地点，进行场地准备。

• 社会工作者说明跳蚤集市的规则，可以进行物物交换也可以用购买方式从跳蚤集市买自己所需的物品，时间以为 1.5—2 小时为宜，结束后各个家庭需带走自己所在区域的东西（包括废弃垃圾）。

• 游戏结束后，根据现场数据统计（卖出的数量或钱数），评选出优秀家庭，社会工作者引导社区居民分享自己的感受并加强居民间的交流。

## 适用说明

● 该游戏适用于各个社区，不同年龄阶段的人群，儿童群体参加需要有监护人的陪伴，避免发生危险，该游戏可增加居民之间的交流和互动。

● 社会工作者在游戏过程中，需要对现场氛围进行适当调整，现场氛围热烈，居民参与程度较高时，游戏效果体现较为明显。当现场气氛较平淡时，可通过音乐的感染力来适当调节现场氛围。游戏结束后，社会工作者需注意引领参与的社区居民进行感受分享，吸取经验和教训并且倾听民意。

● 在活动准备阶段，需要对场地进行选择，选择宽敞、平坦、面积较大的空间，并且在空间内对区域作一明确划分，集市区以及中间的道路距离大小都需提前做好测量和准备。

● 游戏最后的评选阶段是为了起一定的激励作用，活跃现场气氛，居民不要过多局限于是否评奖或自己成功与失败，应更多关注于游戏初衷。

● 该游戏也可单独针对儿童群体举办，提高儿童群体对于物品价值的认知并且锻炼自立、自信和自强的能力，学习不一样的实践精神。

## 社会工作者引导

社会工作者可向家长进行询问：“你觉得这个游戏对你来说有什么意义？”“你觉得通过这个游戏，你有什么感受和收获？”“在这个游戏中，有好多人来买你的东西，有什么秘诀分享给大家吗？”“你认为这个游戏有什么地方需要改进？”可以询问居民在跳蚤市场进行交换时的心路历程，社会工作者可从游戏的现实意义以及居民的收获等方向出发。

## 示例图片

图片来源：青岛理工大学 2016 级社会工作专业学生　社区实践活动

## 04 彩绘墙

**专业目标** 提高居民的社区参与意识，增强居民对社区的认识和重视度，加强居民间的交流和社区凝聚力。

**适合社区** 无特定社区。

**建议时间** 宣传期以1周为宜，并在游戏前两天发短信通知，游戏以2—3小时为宜。可以根据具体实施情况，适当调整游戏时间。

**场地要求** 有一面可供绘画的空白墙。

**物资准备** 画笔若干、颜料若干、水桶若干。

### 游戏规则

• 社区居民自愿参与社区墙面绘制，由社区规定主题，居民围绕主题自由发挥，共同完成一面彩绘墙。

### 适用说明

• 该游戏适用于各类社区并且无人群要求，用全体的力量共同为社区环境营造献上一份心意。

• 游戏准备阶段，社会工作者根据参与家庭数量大体分一下区域，每个家庭在自己的区域作画，最后所有区域连在一起成为一面彩绘墙，避免居民在区域作画时受到别人的影响，造成不愉快的局面。

• 游戏结束后，可进行全体合影，给居民们一个留念，对游戏初衷进行强调。

• 该游戏对家里有儿童的亲子家庭有更多的影响和帮助，也在活动中促进了亲子关系之间的融洽，增进了亲密度。

### 社会工作者引导

社会工作者可向参与的居民们进行采访，询问：“在游戏过程中，是否有感觉自己和其他居民的关系渐渐拉近？”“你觉得这次共同的彩绘墙游戏带给你的感受是什么样的?”“你对参与社区活动有什么新的理解和想法?”社会工作者可从居民的游戏感受以及未来想法作为方向进行引导。

示例图片

图片来源：青岛理工大学2016级社会工作专业学生 彩绘井盖活动

## 05 我们的故事——社区话剧表演

**专业目标** 加强社区建设需要与社区资源的有效配合，以满足社区需要，并解决或预防社会问题；增强居民表达需求和解决问题的能力，挖掘居民个人潜能，以推动社区发展，加强社区凝聚力。

**适合社区** 无特定社区。

**建议时间** 宣传期以1周为宜，招募（剧本和演员）应需2周，话剧准备以1—2个月为宜，话剧演出时长以剧本为准。可以根据具体实施情况，适当调整游戏时间。

**场地要求** 话剧准备阶段需空旷安静的室内；话剧演出需有舞台的宽阔、平坦、面积较大的场地。

**物资准备** 话剧内所需的道具，椅子若干。

游戏规则

- 社区进行民意调查，收集话剧主题。

- 社区收集话剧剧本，并进行筛选，演员也在自愿报名的居民中进行选择。
- 社区参与者根据剧本编排，自行商量和安排，并表演一个话剧。

适用说明

- 该游戏适用于所有类型的社区以及不同年龄阶段的人群，话剧编排和剧本都是居民自行解决和发挥，因此极大地提高了居民的参与度，有利于促进居民心声的呐喊并挖掘居民潜在潜能。
- 在剧本和演员的选择上，需专业人员的指导，帮助话剧的初步成形，在后续话剧编排前，可由专业人员做一定的指导和讲授。
- 在话剧物资准备方面，社会工作者应给予帮助，解决话剧外在资源问题。
- 该游戏后续的反思十分重要，因此在话剧结束后，应对观众和参与者（剧本作家和演员）都进行访问，一起交流分享观看话剧或是出演话剧的感受。遇到社区现实问题时，应进行反思，社区应从什么方面入手解决这些问题，如何预防这些问题的出现。

社会工作者引导

社会工作者可向参与话剧表演前后的居民进行询问："你觉得这个话剧所带来的现实意义是什么?""你在这个过程中有什么收获和感受?""你觉得这种方式在社区展开有什么好处（不足)?"也可向观看的居民们询问他们看完话剧后的感受。社会工作者可从游戏带给社区居民的收获以及对社区未来的反思等方向出发进行引导。

游戏贴士

**民众剧**

民众剧最早发源于巴西，20 世纪 70 年代初迅速在亚洲许多国家和地区（如菲律宾、韩国、泰国、印尼以及中国香港等地）发展起来。它完全以基层民众为主体，强调民众参与、民众创作，表达民众心声，为民众而存在。民众剧背后的理念是“每个人都是艺术家”。只要通过某种方式（如培训、座谈、排练等)，为民众创造真诚、畅通的交流机会，他们就能表现出无尽的智慧和创造力，并有能力以自己的方式发生，促进社区变革。

## 06 我们的快闪

**专业目标** 提高居民的参与度以及对待社区问题和社会热点的认识程度，加强居民之间的交流与沟通，促进社区的进步和凝聚力的提高。

**适合社区** 无特定社区。

**建议时间** 宣传期以1周为宜，游戏开始两周前将所有参与者聚集，社会工作者发布主题，居民自发编排，游戏两天前进行游戏彩排，游戏进行以1.5—2小时为宜。可以根据具体实施情况，适当调整游戏时间。

**场地要求** 空旷平坦的室外。

**物资准备** 摄像机、音响。

### 游戏规则

- 社区按照社区现在所存在的问题或是日常社会热点问题（例如，环保意识和法律意识较低的问题）进行主题设定。
- 社区组织所有参与的居民通过唱歌或跳舞的形式（居民自发地进行编排），将设定的主题表现出来，并通过快闪的方式进行记录。
- 游戏结束后，社会工作者引领所有参与的社区居民进行交流和分享。

### 适用说明

- 该游戏适用于各种类型的社区，所有人群都适宜，人数也没有限制，人越多越好，是适合社区的一个游戏，为社区居民提供了一个展现自我的机会并且加强了居民的参与度，也提高了居民对于社区的认识，增强了居民之间的交流互动。
- 在游戏过程中，由于人数没有上限，人越多越好，因此社会工作者在控场和引导方面应该加强，可用扩音设备使游戏更好地进行。
- 该游戏以居民自发组织为主，社会工作者和居民之间需加强联系，共同对游戏内容出谋划策，使游戏更加完满。

• 游戏结束后的交流和分享环节极为重要，社会工作者需进行引导交流和分享，使全体参与居民对这个游戏的理解更为深刻，并且能在未来有所反思和考虑，将此游戏在社区一直延续下去。

社会工作者引导

社会工作者可向参与居民中较为积极的几人进行询问："你觉得这个游戏的现实意义是什么？""你觉得这种方式在社区展开有什么好处或是不足？""你在这个过程中有什么收获和感受？"社会工作者可从游戏带给社区居民的收获以及对社区未来的反思等方向出发。

为师者说

此游戏在居民参与度较高的社区才能实现。快闪活动前的准备工作比较重要，既有物资的准备，也要选择能吸引大众目光的快闪主题，对社会工作者和社区居民要求比较高。同时对拍摄、剪辑、后期宣传等工作环节要求较高。

## 07 状元令

专业目标 提高居民的参与度，加强居民之间的交流与沟通，促进社区的进步和社区凝聚力的提高。

适合社区 无特定社区。

建议时间 游戏宣传以1周为宜，游戏开始前4天通知拿到状元令的那户居民家庭，游戏开始前两天对所有参与居民发送信息通知，游戏进行以1.5—2小时为宜，1—2周一次。可以根据具体实施情况，适当调整游戏时间。

场地要求 宽阔的室内。

物资准备 椅子若干，桌子若干，状元令家庭所需物资。

游戏规则

• 拿到状元令的家庭传授自己家庭所具有的技能或才艺（例如，书法绘画、剪纸和日常生活节能技巧等），其他参与家庭跟着状元令家庭学习。

- 状元令家庭分享结束后，指定下一家拿状元令的家庭，接到状元令的家庭进行准备，下次进行带领。
- 每次游戏结束后，社会工作者都需引领居民参与交流和分享。

## 适用说明

- 该游戏适用于各种类型的社区，所有人群都适宜，为社区居民提供了一个互相交流的机会并且加强了居民的参与度，也提高了居民之间的联系，增强了和社区之间的交流和对话，而且居民之间状元令的交接会进一步提高居民之间的亲密度，进一步提高社区凝聚力。
- 该游戏在进行过程中，社会工作者的引导可减少，侧重于居民之间互相交流和讨论，在游戏结束时，社会工作者需注意进行引领居民们进行交流和分享。

## 社会工作者引导

社会工作者可向参与家庭进行询问："这次游戏带给了你们哪些感受和收获?""你认为今天状元令家庭的表现对你有什么启发?"以及向拿到下一次状元令的家庭询问："拿到状元令有什么样的感受？有没有话想对传给状元令的家庭说?"社会工作者可从社区成员凝聚和关系改善等方向引导。

## 示例漫画

## 08 广场里的心声

**专业目标** 提高居民的参与度，加强居民之间的交流与沟通，促进社区和居民之间的关系建立，推动社区凝聚力的提高。

**适合社区** 无特定社区。

**建议时间** 宣传期以 3 天为宜，游戏进行以 1.5—2.5 小时为宜。可以根据具体实施情况，适当调整游戏时间。

**场地要求** 宽阔平坦的室外（广场为最佳场地）。

**物资准备** 话筒、音响。

### 游戏规则

• 社会工作者开场前辟出一块 3 米 ×3 米的空地，所有居民三面环绕在一起，想上台的居民自发上台，表达自己内心想对社区或是邻里说的话，以祝福和感谢为主，也可以在台上讲述自己遇到的事情带给自己巨大的改变或是深刻感受，心声表达结束之后，社会工作者上台对游戏进行总结，并对现场参与者进行感受采访。

### 适用说明

• 该游戏适用于各种类型的社区，所有人群都适宜，为社区居民提供了一个互相交流、表达自我的机会，并且加强了居民的参与度，增进了居民之间的联系，增强了和社区之间的交流和对话，而且居民之间的感谢和表达会进一步提高居民之间的亲密度和社区凝聚力。

• 游戏进行的现场氛围较为热情和感性时，游戏效果较为明显。如果社区里的居民对上台表达不好意思，社会工作者和社区工作人员可先对居民们坦露自己的心声，将现场氛围调动起来。

• 由于场地必须在室外的特殊性，而且参与人员较多，社会工作者应注意现场的秩序和安全问题，可使用扩音设备进行秩序维持，并且在游戏开始前，需向社区居民强调安全问题，特别是小孩子需有监护人的陪伴，并且提醒居民之间不要推搡拥挤。社会工作者和社区工作人员及志愿者在游戏过程中也需注意参与居民的安全，以安全为第一位。

**社会工作者引导**

社会工作者在最后可向居民询问他们对这个游戏的内心感受："对身边的邻里或是社区是否会有不好意思当面说的话？""当说出来（或听到其他人说出来）时，你的内心感受是怎么样的？是激动或是感到不好意思？""通过这个游戏，你有没有感觉自己跟这个社区以及社区居民的关系更近一步了？"可从居民对这个表达形式类游戏的感受作为方向引导和采访。

**参与者说**

我觉得这是一个很好的拉近我们邻里关系的活动，我都住在这个小区两年了，因为我爷爷腿脚不方便，出门散步晒太阳都得奶奶推着出去，但是老两口老的老、病的病，上台阶呀这些都不方便，很多邻居平常经常给老两口搭把手，除了嘴上一句谢谢，心里连人家叫啥都不知道。通过这个活动，我们一家在小区的居民面前当面向大家表示了感谢，并欢迎热心邻里们常来家做客。活动完了后感觉心里暖洋洋的，觉得这个社会上还是好人多。

## 09 社区制图

**专业目标** 提高居民的参与意识，增强居民对社区的认识度和重视度，加强居民间的交流和与社区之间的互动。

**适合社区** 无特定社区。

**建议时间** 宣传期以 1 周为宜，并在游戏前两天发短信通知，游戏以 2—3 小时为宜。可以根据具体实施情况，适当调整游戏时间。

**场地要求** 空旷平坦的场地。

**物资准备** 一块 2 米 ×2 米大的白板，铅笔、马克笔、画笔、颜料、水桶、彩笔套盒若干。

## 游戏规则

• 社区参与的居民共同绘制一份社区资源图，由社会工作者提供带有基本标识（道路及社区大门方向等）的社区资源图基本框架，居民在这块白板上一起讨论并将其绘制出来，居民既可以选择自己绘制，也可以居民们口述，社会工作者进行绘制。游戏结束后，社会工作者引导居民进行交流和分享。

## 适用说明

• 该游戏适用于各类社区并且无人群要求，用全体的力量共同为社区制造一份属于居民和社区的纪念，并且一定程度上加强居民对社区的认识和居民与社区之间的关系。

• 在游戏开始前，社会工作者可对居民们进行社区资源图知识的讲解，并且在游戏过程中可进行适当的引导及帮助，但应把握好合适的参与程度，以免出现社会工作者引领过多导致居民的参与感不强。

• 在游戏结束后，可进行全体合影，给居民们一个留念，对游戏初衷起到强调作用。

## 社会工作者引导

社会工作者可向参与的社区居民询问：“通过绘制资源图，大家有没有对社区有了一个新的认识?”“通过这个游戏，你有什么感受和收获?”“你认为在游戏过程中，如何和其他居民合作完成社区资源图?”可从居民对社区的新认识和感受方向出发进行引导。

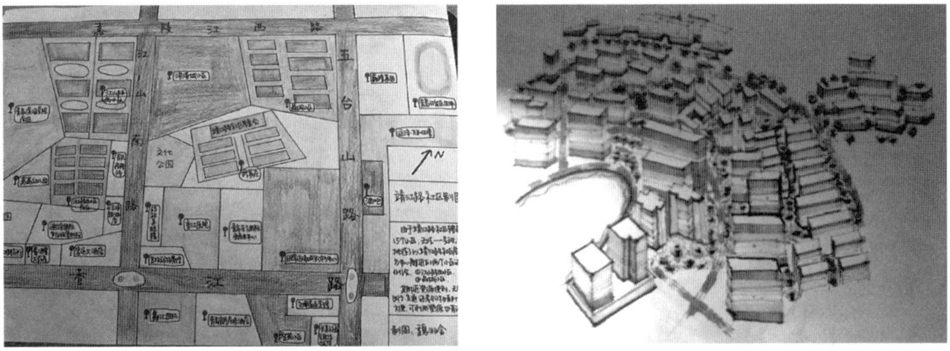

**图片来源：青岛理工大学 2016 级社会工作专业学生**

## 10 喊话板

**专业目标** 提高居民的参与度，加强居民之间的交流与沟通，促进社区和居民之间的关系更为和谐地发展，推动社区凝聚力的提高。

**适合社区** 无特定社区。

**建议时间** 无特定限制，两周进行一次汇总和民意调查。可以根据具体实施情况，适当调整游戏时间。

**场地要求** 无特定要求。

**物资准备** 1 米×1 米的软木板若干（多于居民楼的数量），纸条若干，图钉若干，笔若干。

### 游戏规则

• 社会工作者将喊话板放置在每幢居民楼的公共区域，并贴一告示在喊话板上。告诉居民，可将自己想对邻居说的话写在上面，可以是劝告（如：希望可以不要每晚大声放音乐），也可以是感谢（如：谢谢今天你给的特产，非常好吃），被提到的那户居民，可以在那张纸条上写下自己的答复，等等。两周以后，社会工作者去每幢居民楼进行汇总，并且告知居民，可将对喊话板的感受和改进意见贴在社区门口的公示喊话板上，社会工作者和社区工作人员将对喊话板进行适时的调整。

### 适用说明

• 该游戏适用于各种类型的社区，所有人群都适宜，为社区居民提供了一个互相交流、表达的机会并且提高了居民的参与度，加强了居民之间的联系，增强了居民之间、居民和社区之间的交流和对话。而且居民之间的一些不愉快等可能会得到一定的解决，从而进一步提高居民之间的亲密度和社区凝聚力。

• 社会工作者需在喊话板告示中加一些提醒，例如在喊话的过程中，应注意言辞等的使用，不要言辞过激，并且提醒居民维护喊话板的完整，不要故意破坏等。

● 喊话板的材质尽量选用可反复利用的软木板，维护和更换的问题会容易许多，并且因为使用软木板，需要用到图钉这类尖锐性的工具，因此在喊话板旁需添加一个注意的警示，提醒居民注意安全。

**社会工作者引导**

社会工作者可对居民进行单独采访，询问："当你被写在喊话板上（好事或坏事）时，有什么样的感受?""你有往喊话板上写过东西吗？写的时候，你的心情是什么样的?""你认为通过这个游戏，你有什么感受和收获?""通过这个游戏，你有没有对社区和你的邻居有进一步的认识?"可从居民个人感受和收获的方向引导思考。

**游戏贴士**

**喊话示例**

"你好邻居，请你们不要把自家垃圾一直堆在楼道里不扔行吗？每次一进楼道都有股酸臭味。大家都是邻居，也不好直接公示哪户，望自觉!"

"1003 户的邻居你好，那天我下班晚，听我家豆豆说你回家的时候看到他一个人在楼下玩，怕有危险就带他回家吃了晚餐并将他送回了家，后来我带他去你家道谢你也不在，今天在这里邀请你们一家这周末来我家玩，我是1103，你楼上的邻居。"

第四章

# 为实现特定功能的分类应用

# 第一节 破冰暖身类游戏

## 01 左手抓右手逃

**专业目标** 调动参与者的积极性与主动性，使在场人员能够参与集体中，通过手指的接触（礼貌的肢体接触）建立联系，调节现场的氛围，同时锻炼大家的反应能力，提高大家的注意力。

**适合人群** 无特定人群。

**适宜人数** 以10—30人为宜，当人数过多时，可以分组进行。

**建议时间** 10分钟以内为宜，可以根据现场效果，适当调整游戏时间。

**场地要求** 空旷的室内或室外。

**物资准备** 人数较多时需准备扩音设备或口哨。

**游戏规则**

• 首先，在场的所有参与者围成一个圈，左右间隔为50厘米左右。

• 参与者右手的食指放在右边人的手心里，左手摊开放平接住左边人的食指。

• 全部准备好时播放音乐（或敲击物品发出较大声音），当音乐停止时，参与者的左手要迅速握住左边的人的食指，同时右手的食指快速从右边的人的手心里抽出。

• 几轮过后增加难度，可反方向重复进行游戏。

**适用说明**

• 该游戏适用人群较为广泛，几乎所有人群都可以玩此游戏，而且不受场地限制，也不需要较多准备，易于操作，活跃度高。

• 游戏之前社会工作者可以通过示范的方式向参与者展示游戏规则，在游戏中出现忘记规则或者违反规则时，社会工作者可以在游戏进行时反复强调规则。

• 过程中，社会工作者需要有较强的控场能力，维持好现场秩序，保证游戏的安全性。同时需要不断观察参与者的状态，适当调整游戏时间和难度。

• 该游戏也可用于选人，失败者参加下一轮游戏，但是社会工作者引导要淡化输赢。

**社会工作者引导**

在游戏中，社会工作者注意观察参与者的动作和表情的变化。游戏结束后社会工作者引导参与者分享感受，通过分享环节彼此熟悉，建立关系。社会工作者可以问："你们觉得这个游戏好玩吗？你成功逃脱了吗？你抓住别人了吗？""在游戏中，我发现你总能成功逃脱还能抓住别人，你能告诉我们诀窍吗？""在游戏中，发现你笑得特别开心，你能说说你在游戏前后心情有什么变化吗？"

图片来源：青岛理工大学 2015 级社会工作专业学生　课堂技能训练

## 02 找零钱

**专业目标** 该游戏可以调动参与者更快地融入集体，打破集体中的隔阂。同时通过游戏提高参与者的反应能力以及团队合作能力。

**适合人群** 儿童、青少年、成人（不适于活动能力较弱的老人）。

**适宜人数** 以10—50人为宜，当人数过多时，社会工作者要注意使用扩音设备，同时要保证参与者的安全。

**建议时间** 以15—20分钟为宜，可以根据现场效果，适当调整游戏时间，避免过度劳累。

**场地要求** 空旷的大场地，适于人群奔跑或聚集。

**物资准备** 标有1元、5毛的纸张。

### 游戏规则

• 一部分人代表1元钱，其余代表5毛钱，代表不同钱的人身上分别粘上标有不同钱数的纸张。

• 在主持人的组织下，全体参与者围成一个圈，按顺时针小跑热身。

• 当社会工作者说出具体一价格数目，由大家自由组合，落单或者组合错误的视为失败。

• 也可由游戏失败者作为主持人提出一个零钱数字，游戏再次进行。

### 适用说明

• 可以针对活动参与者的情况，调整活动规则，例如女性代表1元，男性代表5毛钱，几轮后代表钱数互换，增加难度。

• 社会工作者在讲解游戏规则时要清晰表达，让参与者更好地了解规则，如果参与者在游戏中忘记和违反规则时（例如拿走别人1元的标签贴在自己身上），应及时制止，让参与者明确游戏的规则和限制。

• 找零钱游戏是相对来说比较耗费体力的游戏，所以这个游戏比较适用于精力充沛的年轻群体，在游戏中要时刻提醒参与者注意安全。

• 过程中，社会工作者需要有较强的控场能力，可以通过哨子、喇叭等辅助工具维持好现场秩序。游戏中需要不断观察参与者的状态，适当调整游戏时间。

### 社会工作者引导

在游戏结束后，社会工作者主要通过参与者的表情动作的变化来引导参与者说出自己内心的感受。社会工作者可以询问：“你在游戏中被两队抢着拉来拉去，你当时有什么感受？”“游戏过程中，你被剩下来有什么感受？”“你以后想要采取什么办法不让自己剩下了？”借助游戏放松参与者的身心，借助分享环节帮助参与者表达感受，同时也加强了参与者的相互了解，有助于建立友好团体关系。

图片来源：青岛理工大学 2015 级社会工作专业学生 课堂技能训练

## 03 大风吹、小风吹

**专业目标** 大风吹、小风吹可以调动参与者的积极性与主动性，活跃现场氛围，使所有人参与进来。锻炼参与者的反应能力的同时提高注意力。

**适合人群** 青少年、成人（不适于活动能力较弱的老人）。

**适宜人数** 以 10—40 人为宜，当人数过多时，社会工作者要注意使用扩音设备，同时要保证参与者的安全。

**建议时间** 以 20—30 分钟为宜，可以根据现场效果，适当调整游戏时间。

**场地要求** 平整宽敞的空间，活动声音较大，尽量选在隔音的地方或是室外。

**物资准备** 10—40 把便于起坐的椅子。

**游戏规则**

- 将椅子围成一个大圆，所有参与者坐在椅子上。
- 大风吹。一人站在中间下指令“大风吹呀大风吹”，其余人回应“吹什么呀吹什么”，此时中间的人下指令，例如“吹戴眼镜的人”，此时所有戴眼镜的人要起立并去抢周围的人的椅子；中间的人也加入其中，最终会有一个人没有抢到椅子，那么下一轮由他来下指令。

• 小风吹。小风吹与大风吹的规则相反。一人站在中间下指令“小风吹呀小风吹”，其余人回应“吹什么呀吹什么”，此时中间的人下指令，例如“吹戴眼镜的人”，此时所有戴眼镜的人原地不动，而其他人要起立并去抢周围的人的椅子；中间的人也加入其中，最终会有一个人没有抢到椅子，那么下一轮由他来下指令。

## 适用说明

• 社会工作者在传达游戏规则时要清晰，重点要反复强调几次，让参与者更好地了解规则，如果参与者在游戏中忘记和违反规则时，可以用演示的沟通方法让大家更明确游戏的规则和限制。

• 在中间下指令的人要声音洪亮，所提条件不能太细致苛刻或模棱两可。

• 大风吹、小风吹这个游戏的适用范围有比较大的年龄限制，社会工作者要充分考虑游戏参与者的性别、年龄、身体健康状况、活动能力。游戏中要时刻提醒参与者注意安全。

• 该游戏可以根据参与者的心智水平来决定游戏的难易程度，比较容易的操作是只允许发令者使用大风吹，难度最大的是发令者可以任意说出大风吹或小风吹。在游戏过程中注意观察参与者的表情，来适当加快游戏进程或减慢游戏进程，合理控制时间，避免过度劳累。

## 社会工作者引导

在游戏结束后，社会工作者主要通过参与者的表情动作的变化来引导参与者说出自己内心的感受。社会工作者可以询问：“在游戏中，你的反应最快，能告诉我们你的技巧吗?”“在游戏中，你总是抢不到座位，说一说原因吧。”“在游戏中你笑得特别开心，能说一下你的心情变化吗?”

## 社会工作者日记

老师安排我们组做大风吹、小风吹的游戏，我曾经在网上看到过这个游戏，现在终于有机会组织这个游戏，心里跃跃欲试。我们小组在游戏前两天通过上网查阅资料并咨询老师，将游戏的初步策划方案整理好。在设计游戏过程中，我们想通过这个暖场游戏达到活跃现场气氛、调动参与者的积极性的目的，同时也为接下来的游戏顺利进行奠定基础。

我们小组在讨论游戏方案的过程中，发现大风吹、小风吹游戏对参与者的体质有特殊要求。我们在试玩的过程中，发现游戏中有可能会发生身体碰撞，所以在设计活动中我们也考虑了游戏参与者的亲密程度和性别差异。因为我们在班级里举办这个游戏，所以参与者都比较了解，大家在游戏中即使有身体碰撞，也不会在意。同时我们认为作为大学生，参与者对游戏规则的理解都非常清楚，游戏能力都较好，所以我们在设计游戏中没有再降低游戏难度。同时，我们在检验试玩游戏每个环节的用时时发现，大家在玩了10次，大约20分钟时，现场气氛最好，但是随着游戏时间的延长，大家玩得太过兴奋，现场效果反而不佳。在我讲解游戏规则的时候，现场有许多同学表示没有完全听懂游戏规则，第一轮的参与者们由于不清楚游戏规则，导致出现许多违反规则的情况，现场比较混乱，我及时调整，通过让社会工作者助手亲自演示的方式，让参与者清楚明了游戏规则。在后面的游戏中，现场的气氛明显得到改善，游戏目的也得以实现。在这次游戏中还出现了一个突发状况就是，在前半段时间，因为现场参与者没有都能及时来到现场，有许多迟到的同学，所以游戏经常被打断，社会工作者需要不断增加或者减少凳子，现场较为混乱，没有达到我们预期的目标。当时我非常紧张，还好有社会工作者助手的帮忙，我们进行了适当的调整：如果仍然有迟到的参与者，让他们在下一轮中参与，这样我们就解决了游戏被打乱的问题。

在主持过程中，我觉得自己气场比较弱，本来以为会掌控不了现场，但是最后游戏的效果还比较好，大家基本都反馈游戏参与得比较舒服。老师也在课上总结了社会工作者控场力强弱的问题，有时候弱不是问题，但一定要“弱得有原则”。

最后在我们几位社会工作者的努力下，游戏圆满完成，游戏总体来讲取得了不错的效果，现场参与者都积极参与，在游戏结束后都表示通过游戏感觉现场的气氛有了很大的调整，自己参与活动的积极性也提高了，基本达到了我们预期的效果。通过这个游戏，我作为社会工作者能够明显感觉到自己的专业素养还要继续不断提高，未来的社会工作者路还很长，我会继续努力的。

## 04 对对碰

专业目标 带动活动氛围，增强团队间的合作、沟通，提高参与者参与的积极性。

适合人群 青少年、成人（不适于活动能力较弱的老人和孩子）。

适宜人数 以10—30人为宜，当人数过多时，社会工作者要注意使用扩音设备，同时要保证参与者的安全；当人数过少时，游戏效果可能不太明显。

建议时间 以10分钟以内为宜，可以根据现场效果，适当调整游戏时间。

场地要求 平整宽敞的空间，活动声音较大，尽量选在隔音的地方或是室外。

物资准备 10—30把便于起坐的椅子。

### 游戏规则

• 众人围坐一个大圈，留一张空椅。

• 游戏开始时，坐在空椅左右边的两个人，要立刻起身去拉任一个人来坐空椅。

• 被带走的人留下空位，两旁的人就要起身再拉人。

### 适用说明

• 对对碰游戏中有身体接触，相对来说比较耗费体力，适用范围有较大的限制，社会工作者要充分考虑游戏参加者的性别、年龄、身体健康状况和活动能力。

• 社会工作者可以通过哨子、喇叭等辅助工具维持好现场秩序。游戏中需要不断观察参与者的状态，适当延长或缩短游戏时间。

• 游戏中要提醒参与者注意安全。

### 社会工作者引导

在游戏进行中，社会工作者观察参与者在游戏中的表情动作的变化，游戏结束后可以先来引导活跃的参与者说出自己内心的感受。社会工作者可以询问:“在游戏中，你的反应最快，能告诉我们你的技巧吗?”“我观察到你在游戏中拉人的时候有点犹豫能告诉我原因吗?”“在游戏中你笑得特别开心，能说一下你的心情变化吗?”“你总是被他拉走或者去拉他，为什么呢?”

**为师者说**

该游戏比较活跃，要把握活动的节奏，当参与者之间比较熟悉或者动作比较灵活的参与者进行游戏时，游戏节奏容易变快，此时社会工作者一方面要提醒参与者注意安全，另一方面可以通过简短打断，或者缩减游戏时间等方式，控制游戏，不过于疲劳，达到一定控场目的。

## 05 反向口令

**专业目标** 通过游戏调动现场气氛，提高参与者参与的积极性和锻炼反应能力。

**适合人群** 无特定人群。

**适宜人数** 以10—50人为宜，当人数过多时，社会工作者要注意使用扩音设备，同时要保证参与者的安全；当人数过少时，游戏效果可能不太明显。

**建议时间** 以10—20分钟为宜，可以根据现场效果，适当调整游戏时间。

**场地要求** 平整宽阔的室内或室外。

**物资准备** 人数较多时需要扩音器或口哨。

**游戏规则**

- 众人围成一个大圈，听口令做出相应动作。
- 开始，社会工作者喊出“坐下、起立、抬左手、抬右手”等口令，大家立即做出相应动作。
- 第二轮，社会工作者喊出“坐下、起立、抬左手、抬右手”等口令，大家立即做出反向动作。

**适用说明**

• 该游戏规则简单，适用人群较广，适合用于小组活动前期活跃气氛。

• 游戏时，社会工作者需要维持好现场秩序，现场要保持安静，使参与者能够更好地接受指令。

• 在游戏过程中，社会工作者要注意所发令的口号内容和速度，口令要响亮清楚。

• 该游戏可以根据参与者的心智水平来决定游戏的难易程度，在游戏过程中注意观察参与者的表情，适当加快游戏进程或减慢游戏进程。

**社会工作者引导**

• 在游戏进行中，社会工作者观察参与者在游戏中的表情、动作的变化，游戏结束后可以先来引导表情变化明显的参与者说出自己内心的感受。社会工作者可以询问："你觉得做反向动作难吗?""这个游戏让你感到开心吗?""在游戏中，我注意到你做错了动作，你的感受是什么?"

**游戏贴士**

简单变化游戏规则形成一个新的游戏，规则：多人一组参与活动，由主持人带领参与者做相同的动作，由主持人发问，当参与者口中回答是的同时摇头，回答不是时则点头。比如主持人带领6名参与者指向嘴巴，并发问：这是你们的嘴巴吗？参与者回答是并摇头，当主持人带领参与者指向头发时，并发问这是你的鼻子吗？参与者回答不是并点头。以此类推。

## 06 松鼠与松树

**专业目标** 活跃现场的气氛，帮助建立合作关系，让参与者融入团队中，同时提高参与者的反应能力。

**适合人群** 青少年、成人（不适于活动能力较弱的老人和孩子）。

**适宜人数** 以 20—50 人为宜，当人数过多时，社会工作者要注意使用扩音设备，同时要保证参与者的安全；当人数过少时，游戏效果可能不太明显。

**建议时间** 以 10—20 分钟为宜，可以根据现场效果，适当调整游戏时间。

**场地要求** 空旷无障碍的室内或者室外。

**物资准备** 无。

## 游戏规则

• 事先分组，三人一组。两个人扮大树，面对对方伸出双手，搭成一个圆弧；一人扮松鼠，要站在或蹲在圆弧中间。

• 单独选一个人喊“狼来了”，大树不动，扮演“松鼠”的人就必须离开原来的大树，重新选择其他的大树，同时下指令的人也要参与进去，落单的人再下达命令。

• 一个人喊“刮风了”，松鼠不动，扮演“大树”的人就必须离开原先的同伴重新组合成一对大树，并圈住一只松鼠，同时下指令的人也要参与进去，落单的人再下达命令。

• 一个人喊“地震了”，扮演“大树”和“松鼠”的人全部打散并重新组合，扮演大树的人也可扮演松鼠，松鼠也可扮演大树，同时下指令的人也要参与进去，落单的人再下达命令。

## 适用说明

• 该游戏需要跑跳，社会工作者要充分考虑游戏参与者的性别、年龄、身体状况、活动能力。游戏中要时刻提醒参与者注意安全。

• 游戏对人数有较为严格的要求，人数不能过少，同时在分组时要留出一名下指令的人。

• 因为口令要求比较复杂，社会工作者最好在游戏之前通过示范的方式演示规则，也可以试玩几次再正式开始。

• 该游戏可以根据参与者的心智水平来决定游戏的难易程度，在游戏过程中注意观察参与者的表情，来适当加快游戏进程或减慢游戏进程。

## 社会工作者引导

在游戏进行中，社会工作者注意观察参与者在游戏中的表情、动作，游戏结束后可以先来引导表情变化明显的参与者说出自己内心的变化，带动其他参与者一起分享。社会工作者可以询问："在游戏中，你的反应最快，能告诉我们你的技巧吗?""在游戏中，当你没有找到队友时你什么感觉?""在游戏中你觉得哪个口令最难，哪个口令最简单?""你觉得这个游戏能放松你的心情吗？通过这个游戏你有哪些收获?"

图片来源：青岛理工大学 2015 级社会工作专业学生　课堂技能训练

## 07 冰冻人解冻

**专业目标** 通过游戏的方式建立参与者之间的互动，打开冷漠的僵局，调动参与者参与游戏的积极性，活跃现场气氛。

**适合人群** 无特定人群。

**适宜人数** 以 10—50 人为宜，当人数过多时，注意使用扩音设备。

**建议时间** 以 10—20 分钟为宜，可以根据现场效果，适当调整游戏时间。

**场地要求** 安静的室内或室外。

**物资准备** 轻快的音乐，音响。

**游戏规则**

- 首先，参与者在社会工作者划定的游戏区域内伴随着轻快的音乐随意舞动，动作随意，但是不能站立不动。

• 当社会工作者关掉音乐的同时，参与者保持刚刚的动作不动，现场保持安静。这时社会工作者会随意用手指点一个参与者，这个参与者就“解冻”了，可以随意动，但必须在同时用手指点另一个人，这时另外一个人也可以“解冻”，以此类推直至全部人都“解冻”为止。

• 记录一下每次全部“解冻”的时间，挑战更快。

## 适用说明

• 社会工作者选择的音乐尽量是轻快的，在播放音乐时，注意音响的声音需要调大，让每名参与者都能听到音乐，并在音乐暂停时，及时作出反应。

• 游戏可以根据实际情况增加难度，依据现场参与者的人数，规定必须在“解冻”时间内完成“解冻”，例如 20 个人时，先规定 20 秒钟，如果顺利完成则时间可以递减增加难度。

• 游戏过程中可能出现违反规则的参与者，社会工作者需要及时提醒。社会工作者注意现场的气氛以及参与者的表情，适当调整游戏时间。

• 人数较多时此游戏也可分组进行，比较两组完成时间，也适用于团队建设。

## 社会工作者引导

在游戏结束后，社会工作者可以向参与者询问:“在游戏中，当别人点了你‘解冻’后，你是用什么样的心情去点下一个人?”“在游戏中，你看到其他人都纷纷‘解冻’，但挑战时间即将到了，你的心情如何?”“你认为这次你们在规定时间内没有完成挑战的原因是什么?”“你们这么快的时间就全部‘解冻’了，感受如何?”社会工作者可以从参与者游戏前后心情的变化以及内心的感受来引导参与者进行分享。

## 参与者说

这是一个能够让我感受到团队凝聚力的游戏，我们分为两个小组，每个小组 3 次机会，通过两组比赛的方式进行游戏。刚开始自己被“解冻”时就已经兴奋不已，个体意识还很强，结果第一次尝试我们小组输了。大家迅速进行了讨论并制订了“解冻”方案，在接下来的两次尝试中，自己被“解冻”后心还是一直悬着，只希望后面的组员能够快点、再快点。我很喜欢这种小组间对抗的方式，能够很好地激发出小组活力，增强凝聚力。

## 08 我笑你哭

**专业目标** 通过游戏能够打破参与者之间的隔膜，调节现场的气氛，促进小组互动，提高参与者参与的积极性。

**适合人群** 无特定人群。

**适宜人数** 以10—30人为宜，当人数过多时，社会工作者要注意现场秩序；当人数过少时，游戏效果不太明显。

**建议时间** 以10—20分钟为宜，可以根据现场效果，适当调整游戏时间。

**场地要求** 室内或室外。

**物资准备** 小音响。

**游戏规则**

- 参与者围坐成一个圆圈。
- 首先从其中的一个人转向右边的组员，做一个搞笑的面部表情，该组员依样做给下一名组员看。但如果该组员转回左边扮演一悲痛的表情，左边的组员就要改变方向，向左传悲伤的表情，以此类推。可重复玩多次。

**适用说明**

- 该游戏不仅适用于暖场类游戏，同时也可以用于小组的前期，组员存在陌生感的情况。
- 在游戏过程中如果存在参与不积极的组员，社会工作者应该不断给予其鼓励，以保证他不被冷落。
- 社会工作者为保证游戏顺利进行可以在游戏前准备好几个容易模仿、辨识度高的表情，当参与者自己不好意思做出来或者想不出什么表情时，提供给他们。
- 保证表情多传几轮，避免卡在活跃的参与者那里，同时适当调整游戏时间。

社会工作者引导

在游戏结束后，社会工作者可以向参与者询问："在游戏中，当别人传给你一个笑脸（哭脸），你的第一反应是什么？你是用什么样的心情传给下一个人的？""在游戏中，说一说你的心情在游戏之前和游戏之后的变化？""通过游戏你想对你左边的人和右边的人说点啥？"社会工作者可以从参与者游戏前后心情的变化以及内心的感受来引导参与者进行分享。

为师者说

该游戏同时需要社会工作者有较好的现场控制能力，游戏中的"搞笑表情"与"悲伤表情"需要清晰，可以在游戏之前制定动作，如果参与者比较拘谨保守，可以选择安排比较容易表演的表情，如果参与者比较活跃，可以增加表情难度。气氛活跃之后，可以指定多个参与者同时向左或向右传递表情，造成参与者一会儿"哭脸"一会儿"笑脸"的现场效果，引发笑点。保证表情多传几轮，避免卡在活跃的参与者那里，同时适当调整游戏时间。

# 第二节　自我认知类游戏

## 01 让身体说话

**专业目标** 使参与者在安静的环境下尝试感受自己的身体所传递的信息，放空大脑，以增强参与者的专注性，使其能够在后续活动中更加思维清晰，思考深入。

**适合人群** 无特定人群。

**适宜人数** 无特定要求。

**建议时间** 以5分钟左右为宜，若时间过长，容易使参与者感到无趣。

**场地要求** 安静的室内环境。

**物资准备** 椅子若干。

**游戏规则**

- 参与者选择一个舒适的坐姿，闭上眼睛，匀称呼吸，从头到脚感受身体的各个部分，听身体各部分的要求，如肚子饿了、眼睛酸胀等。

**适用说明**

- 该游戏要在一个使参与者感到安全的无嘈杂声音的安静的环境中进行。
- 在游戏进行中可以视现场情况，播放一些轻音乐来帮助参与者放松。
- 社会工作者要注意引导参与者感受身体每一个部位所反馈到大脑的信息。
- 该游戏也属于解压放松类游戏。

**社会工作者引导**

社会工作者可向其中几个参与者询问："你感受到身体给你反馈的信息了

吗？”以及“你的状态是否有所调整？你有没有更加关注自己身体各个部位对你说的话？”社会工作者在引导参与者进行分享时，应将参与者在游戏中有何感受作为主要方向。

**为师者说**

身体是自我的重要组成部分，能够打开感官，观照自我，才能认识自我。

## 02 自我组成部分

**专业目标** 引导参与者们充分认识自我的各个层面，对自己有较为明确的认知，也更加尊重自己的身体，同时培养参与者的人际沟通能力以及自我调节能力。

**适合人群** 无特定人群。

**适宜人数** 以 7—8 人一组为宜。

**建议时间** 以 20 分钟左右为宜，可根据现场效果，适当调整游戏时间。

**场地要求** 可供站立一排的空旷场地。

**物资准备** 无。

**游戏规则**

• 一部分参与者起身，围成一个大圆圈，社会工作者穿插其中。

• 首先社会工作者让指定的人充当他的身体的某一部分或情绪或精神等，充当这些角色的参与者按照引导者指定的要求表演（例如，参与者分别充当社会工作者的手、口、头、情绪等，社会工作者发出指令“我的头好痛”，则参与者作出自己扮演身体某部分的反应，共同形成一个人的所有反应）。

**适用说明**

• 该游戏理解起来难度较高，需要社会工作者在讲解规则时务必讲解清楚，必要时可以通过演示来帮助参与者理解游戏。

• 在扮演过程中，社会工作者要鼓励参与者讨论配合，以更好地完成自己所负责部分的反应。

• 在游戏过程中可能会出现某些参与者因为害羞而不愿意在众人面前表演，社会工作者可以适当进行鼓励，但也不必强求，还可以通过其他人协助其完成任务。

**社会工作者引导**

社会工作者可向参与者询问：“你认为在游戏过程中相互配合有没有难度？”“为什么社会工作者在发出针对某一器官的指令时其他方面也要做出相关的动作？”“你认为身体各部分之间以及与情绪、精神之间有怎样的联系？”从而加深参与者对于自己身体的感受和认识。

**示例漫画**

## 03 我的生命线

**专业目标** 让参与者对自己的过去与现在有一次回顾的机会，使自己再次重新认识自己，树立一个正确的价值观。

**适合人群** 以15—60岁人群为宜，若参与者年龄过小，有可能无法理解此游戏的意义；若参与者年龄过大，则需要考虑参与者的知识层次与表达能力。

**适宜人数** 无限制，若人数过多，社会工作者要注意维持现场秩序。

**建议时间** 以 30—40 分钟为宜。

**场地要求** 游戏需要一个安静的场所，使服务对象更易集中注意力，尽量保证舒适度以让服务对象放松；要有足够的场地为每个服务对象的桌椅间留出一定空间，过程中需要借助黑板进行演示。

**物资准备** A4 纸、签字笔若干，桌椅若干。

**游戏规则**

- 社会工作者为参与者分发纸笔，参与者从左至右在纸的中部画出一条长线，长短曲直皆可，在线条上方标注自己的名字并写上“×××的生命线”。
- 在线条左侧写上“0”表示出生点，在右侧写上自己的预计寿命，使其成为一条有方向、有起点也有终点的线条。在线段中适当位置做一个标志表示现在的年龄，线段的左侧就代表过去，右侧代表将来。
- 在代表过去的那部分，把对自己有重大影响的事件标注出来。在表示将来的部分，把自己这一生想做的事情标出来，尽量注明时间。
- 如果参与者不是很清楚怎么画出生命线，社会工作者可以进一步提示：标注生命线时，快乐的事向上，难过的事向下。用标记的高低程度表示感情层次，越高表示快乐的程度越深，反之难过的程度越深。
- 社会工作者经参与者同意后，邀请其对自己的生命线进行分享。

**适用说明**

- 在游戏开始前，社会工作者应注意提醒参与者感知自我，在画生命线的时候要以自己的内心感受为准。
- 社会工作者在引导参与者接近自己内心真实感受之后，不要急于下结论，而是要引领其思考自身存在的问题。
- 该游戏更适用于心智成熟、人格健全并具有一定反思能力的人群。
- 该游戏对经历过人生重大变故的参与者可能有一定的伤害性，注意保护参与者的个人隐私，避免二次伤害。

**社会工作者引导**

社会工作者可以邀请参与者对于自己的生命线内容进行分享，从而使其再次重新认识自己，为自己的人生轨迹作出梳理总结。

**示例图片**

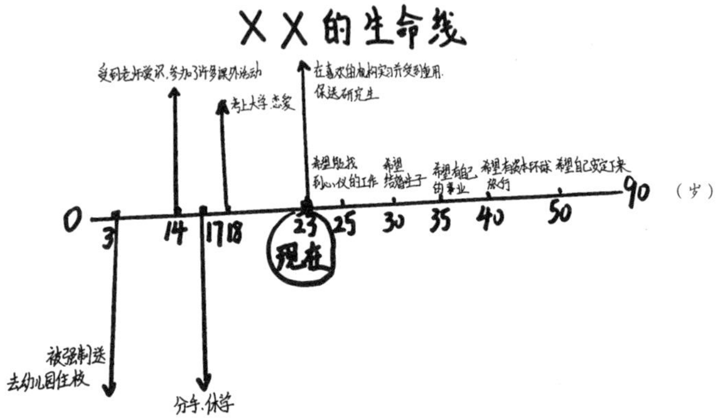


## 04 个性曲线

**专业目标** 使参与者从宏观上对自己有一个大致的定位，对自己的个性特征有较为全面的把握，从而较为系统地认识自己。

**适合人群** 10 岁以上人群，若参与者年龄过小，一方面可能无法对自己作出准确认识，另一方面可能对游戏意义的理解也比较浅显。

**适宜人数** 无特定要求。

**建议时间** 以 10 分钟左右为宜，可根据现场情况适当调整游戏时间。

**场地要求** 室内环境。

**物资准备** 纸、笔若干。

**游戏规则**

- 为参与者每人分发纸、笔。
- 在下表中，参与者根据自身不同的程度，选择自己相应的位置，最后将所选位置连成一条曲线。

- 参与者也可以邀请他人对自己作出评价，从而形成别人眼中的自己的曲线。
- 可以将两条曲线加以比较，寻找不同，并反思自我。

**适用说明**

- 在讲解规则时，社会工作者要注意讲解清楚，以免参与者由于不理解游戏规则而画出不符合自己的个性曲线。
- 该游戏更适用于心智成熟、人格健全的人群，因其在生活中面对的元素更多样化，且能在社会工作者引导下进行思考，所以对这类人群的启发性会更大。若参与者年龄过小，则可能对自己无法作出准确认识。

**社会工作者引导**

社会工作者可以引导参与者通过曲线状态来总结描述自己是一个怎样的人，同时请与参与者相熟的人对其作出评价，以加深参与者对于自身特点的认识。

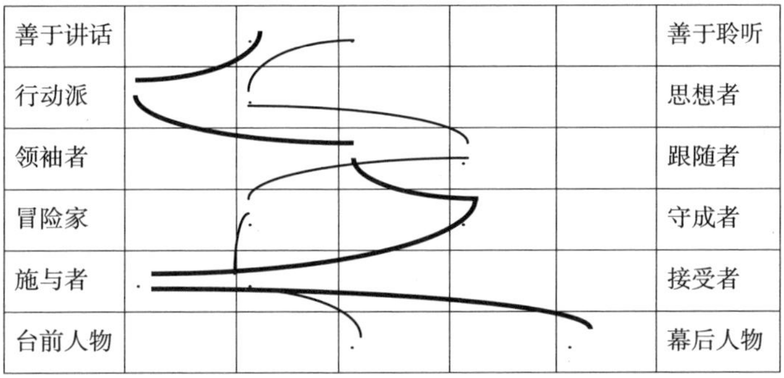


**图片案例：粗线是自我评价曲线，细线是他人评价曲线，两条有所不同。**

## 05 性格指认

**专业目标** 通过群体反馈明确个人的个性特征，同时鼓励参与者用包容的心态，接纳不同的人的不同性格。

**适合人群** 彼此了解的熟人。

**适宜人数** 以不超过 40 人为宜，若人数过多，社会工作者需要使用扩音设备，同时要注意维持现场秩序。

**建议时间** 以 10 分钟左右为宜，可根据现场状况，适当调整游戏时间。

**场地要求** 较为空旷的场地。

**物资准备** 无。

**游戏规则**

• 所有参与者站立，围成圆圈走动，在走动的过程中，主持人会发出指令，比如“你觉得谁最话痨”“你觉得谁最宅”，此时参与者就可以将自己心目中的人选推向圈内。依次进行，一直到主持人准备的问题问完为止。

**适用说明**

• 该游戏对社会工作者控场能力要求很高，要保证参与者心态的放松，又要避免现场秩序混乱。

• 该游戏建立在参与者之间都相互了解的基础上，经过认真思考后选择，尽量避免参与者因为好玩而有针对性地推人。

**社会工作者引导**

社会工作者可以向参与者进行提问：“别人眼中的你与你自己认为的有偏差吗？如果有偏差你认为是由于你对自己认识不足还是他人对你不够了解呢？”“通过这个游戏你有没有意识到一些你自己从来没有注意过但是对他人印象深刻的特点？”通过这些问题来加深参与者对于自身性格特点的认识。

**图片来源：青岛理工大学 2016 级社会工作专业学生　课堂技能训练**

# 06 情绪的识别

**专业目标** 不同的情绪表达出的意思完全不同，通过本游戏让参与者认识不同的情绪，从而学会处理各种情绪的方法。

**适合人群** 无特定人群。

**适宜人数** 以5—40人为宜，若人数较少可进行多轮游戏，若人数较多，社会工作者需要较好地把控现场秩序，并注意使用扩音设备。

**建议时间** 以20—30分钟为宜，可根据现场气氛，适当调整游戏时间。

**场地要求** 有黑板的房间。

**物资准备** 粉笔、写有台词的纸条。

**游戏规则**

• 首先社会工作者列举出一些表示情绪的词语（如撒娇、恐惧、开心等），请参与者大开脑洞，说出自己能够想到的所有表现情绪的词语，其次由社会工作者总结主要词语并写在黑板上。

• 社会工作者规定一句台词（例如，请把牛奶拿给我），参与者两两一组，根据社会工作者指定的黑板上某一种情绪词语，按照该情绪表达这句台词并进行表演。

• 在表演者表演过程中，其余参与者注意观察并推测表演者所表现出的情绪。

**适用说明**

• 该游戏可根据现场气氛与参与者的积极性适当增加几轮。

• 在游戏过程中社会工作者要注意控场，适当维持现场秩序，防止因为游戏气氛过于热烈而导致现场秩序混乱。

• 为保证大家都能参与游戏中，当人数过多时，社会工作者可考虑分组进行游戏。

## 社会工作者引导

在游戏之后，社会工作者可以向参与者提问：“你们能猜到表演者所表现的情绪吗?”“为什么同样一句话用不同的情绪说出可以表现出不同的意思?”“情绪的表达在我们的日常生活中有什么作用?”引导参与者认识不同的情绪，并在生活中正确使用情绪。

## 示例漫画

# 07 我喜欢你

**专业目标** 促进团体成员彼此间的了解与接纳，因了解他人而体谅他人，同时促进团体内的和谐与发展。

**适合人群** 无特定人群。

**适宜人数** 无特定要求。

**建议时间** 以30—60分钟为宜，该游戏耗费时间可能较长，社会工作者可根据实际情况适当调整游戏时间。

**场地要求** 室内。

**物资准备** 纸、笔若干，玩偶一个。

## 游戏规则

- 游戏参与者相互两两交流，了解对方个性、兴趣、优点、才能等特点，并填写在纸上。

● 参与者轮流报告访问他人的结果，社会工作者总结报告，综合资料，并对每名参与者综合归纳一句话，与大家分享。

● 社会工作者拿出玩偶给参与者沿顺时针方向传递下去，开启音乐（最好是轻快的音乐）。

● 当音乐一停（由社会工作者控制），手中拿到玩偶的人对旁边的人讲："我喜欢你，因为你……"（如乐于助人等）。

● 讲完后音乐再次响起，玩偶再传下去，活动继续。

**适用说明**

● 在刚开始时，社会工作者应适时提示、带动团体气氛。

● 在游戏的最后，社会工作者要注意总结，如每个人都有这么好的特点，也是大家要学习的地方，让我们祝福他！

● 该游戏也可用于社交方面团体关系的培养以及作为相识类游戏运用在团体建立之初。

**社会工作者引导**

游戏之后社会工作者可以引导参与者分享此次游戏的感受以及对于他人以及自己最新的认识，从而学会在以后的团队活动中能够更好地处理自己与他人的关系。

**为师者说**

这个游戏对于陌生成员相互认识有很好的效果，首先是与身边的人两两认识，其次通过社会工作者的总结加深对每个人的印象，最后通过玩偶传递说出身边人特点进一步加深印象。通过一系列设计可以使小组成员在短时间内相互熟悉。同时整个活动中，社会工作者与参与者相互融入也比较好。

## 08 照镜子

**专业目标** 通过游戏使参与者学会换位思考，站在他人的角度看待自己的肢体语言所传达的信息，从而更加全面地认识自己，主观有意识地调整自己在人际交往中对待他人的态度。

**适合人群** 无特定人群。

**适宜人数** 以两人一组为宜，总人数无限制，若人数过多，社会工作者需注意强调游戏规则并把控现场秩序。

**建议时间** 以 15 分钟左右为宜，社会工作者可根据现场参与者人数适当调整游戏时间。

**场地要求** 无特定要求。

**物资准备** 无。

### 游戏规则

- 参与者两人一组，一人充当主人，一人充当模仿主人动作的镜子。
- 社会工作者给出一些表示态度的词语（例如傲慢、敌视、鄙视、赞赏、鼓励等），主人根据词语做出代表相应意义的动作，镜子完全模仿主人的动作，尽量做到一模一样。
- 完成 3—5 组动作之后，社会工作者采访主人的感受。
- 主人与镜子角色互换，重新再来一轮游戏，社会工作者采访另一名参与者的感受。

### 适用说明

- 游戏过程中社会工作者需要强调镜子与主人动作的一致性，包括动作幅度、方向等，以便于给主人最直观的感受。
- 在这个游戏中参与者极易笑场，需要社会工作者提前准备，告知参与者在游戏中尽量做到投入认真，并在游戏过程中及时提醒参与者。
- 在采访参与者时社会工作者要注意引导，尽量给参与者一些启发性问题，使其自己感受到游戏的意义。

- 该游戏也可用于社交类游戏中对参与者进行沟通方面肢体语言的训练。

社会工作者引导

在游戏中，社会工作者应该注意对于“主人”的游戏感受的分享，可以通过询问主人在游戏过程中“当看到镜子完全仿照自己做出的动作时是什么心情”“有没有意识到自己看到镜子动作的心情也正是别人看到自己态度动作时的心情”“通过换位思考以后，有没有意识到在平时与人交往中自己有什么不足之处”等问题，引导“主人”往换位思考、站在他人角度看待自己社交状态方面进行反思。

示例漫画

# 第三节　相互认识类游戏

## 01 人名串串烧

**专业目标** 通过游戏使组员快速相识，便于记住对方名字和打破初期陌生的氛围。

**适合人群** 无特定人群。

**适宜人数** 以10—30人为宜，当人数过多时，社会工作者要注意使用扩音设备；当人数过少时，游戏效果不明显。

**建议时间** 以10—20分钟为宜，可以根据现场人数，适当调整游戏时间。

**场地要求** 室内或室外。

**物资准备** 无。

### 游戏规则

- 第一个人先说出自己的名字，坐在他右边（左边、前边、后边均可，根据实际位置来说）的人就说，我是坐在××右边的××，然后接下来的人就说，我是坐在××右边的××右边的××，以此类推进行。
- 一圈下来，当参与者们名字记熟后，还可以在原有的基础上加一些词语，或者是加一些句子，比如说，我是某某省的某某，我是喜欢××的某某，等等。

### 适用说明

- 该游戏适合在小组前期，小组成员之间较为陌生的情况，适用性特别强，能够在短时间内打破小组成员陌生的状况。
- 在游戏过程中，社会工作者要注意提醒小组成员，说话的声音要响亮清楚和迅速。

• 社会工作者在游戏过程中，注意参与者的表情，同时也可以根据参与者的心智水平提高或降低游戏的难度。

**社会工作者引导**

社会工作者可向其中几个参与者询问："你觉得你现在还有游戏开始前的陌生感吗?""游戏结束后，现场有没有令你印象深刻的人?"可从参与者之间关系的改变以及是否变得熟悉等方向引导。

**为师者说**

实践中讲完这个游戏规则，常常回应的是感叹声："啊！太难了吧!"所以游戏前的鼓励和发动是十分必要的。依据参与对象的年龄和智力等状况也可以适当降低难度，如主持人说"每人有一次申请帮忙的机会"或者减少串烧人数，以一排或者一列为单位。总之，游戏的使用要根据现场情况灵活调整，让游戏既达到相互记住姓名的效果，又感到挑战的乐趣，避免让参与者产生游戏压力过大，不愿参与的感受。

## 02 趣味介绍

**专业目标** 通过游戏使参与者互相认识，打破僵局，营造良好的气氛。

**适合人群** 无特定人群。

**适宜人数** 以10—40人为宜，当人数过多时，社会工作者要注意使用扩音设备；当人数过少时，游戏效果不明显。

**建议时间** 以10—30分钟为宜，可以根据现场效果，适当调整游戏时间。

**场地要求** 空旷的室内或室外。

**物资准备** 笔、纸张若干。

**游戏规则**

• 全部参与者围圈坐下，社会工作者向每人分发5张纸。

• 第 1 张纸：写自己的名字。第 2 张纸：地点，例如“在水中”。第 3 张纸：时间，例如“凌晨”。第 4 张纸：动作，例如“睡觉”。第 5 张纸：心情，例如“好开心”。

• 大家写好收齐后，社会工作者随机请 5 名组员组成一个小组，每人负责宣读一张纸。

• 被读名字的人要起立，进行自我介绍，跟其他参与者互相认识。

### 适用说明

• 游戏之前需要社会工作者进行情感交流的引导。同时社会工作者在活动进行时需要控制好现场的秩序，使活动在一个友善的气氛中进行。

• 游戏过程中，要求所写字句要简短，内容宜活泼幽默。

• 游戏过程中，社会工作者注意观察现场的气氛，当气氛没有完全调动起来时，可以适当延长或增加游戏难度，而当游戏气氛过于热烈无法掌控时，可以适当缩短游戏时间。

### 社会工作者引导

社会工作者可向其中几个参与者询问：“你觉得这种认识方式有什么优点？你现在还有游戏开始前的陌生感吗？”“游戏结束后，现场有没有令你印象深刻的人？”可从参与者之间关系的改变以及是否变得熟悉等方向引导。

### 参与者说

我觉得这是一个比较好的打破初识的尴尬和沉默，促进我们参与者之间相互认识的好办法，如果只是刻板的一个一个站起来，可能大家只会说我叫什么，我是哪里人。通过这种小组共同完成任务的方式，大家既可以相互认识，又能够在互动中感觉跟彼此更熟悉。

## 03 凤凰飞

**专业目标** 调动大家参与活动的积极性与主动性，活跃现场的氛围。锻炼参与者的反应能力并提高大家的注意力。

**适合人群** 无特定人群。

**适宜人数** 以10—40人为宜，当人数过多时，社会工作者要注意使用扩音设备，同时要保证参与者的安全；当人数过少时，游戏效果可能不太明显。

**建议时间** 以10—20分钟为宜，可以根据现场效果，适当调整游戏时间。

**场地要求** 有活动空间的室内或室外场地。

**物资准备** 无。

**游戏规则**

- 大家围站成一圈，在圈中的每个人记住其他人的名字。
- 社会工作者可以任意选择一个人凤凰飞，比如社会工作者说张三凤凰飞，代表张三凤凰的人就要两手放在左右两边人的肩上，左边的人上下摆动左手做飞的样子，右边的人上下摆动右手做飞的样子，张三在做动作时一边做一边说“张三凤凰飞，张三凤凰飞，张三凤凰飞完李四凤凰飞”，这时李四凤凰就开始手搭左右两边人的肩上，并叫“李四凤凰飞，李四凤凰飞，李四凤凰飞完××凤凰飞”，同时他左右两边的人要配合做飞的动作……

**适用说明**

- 该游戏可用于活动前期，小组成员不熟悉时进行，注意在游戏之前，先让大家互相熟悉每个人的名字或每人贴一张胸牌。
- 该游戏形式较为简单，主要锻炼参与者的反应能力，所有的人群都比较适用。
- 在游戏过程中，社会工作者要注意提醒参与者所发令的口号内容、速度，口令要响亮清楚。

• 社会工作者可以根据现场氛围、参与者的表情动作的状况来调整游戏时间。

社会工作者引导

在游戏结束后，社会工作者主要通过参与者的表情动作的变化来引导参与者说出自己内心的变化。社会工作者可以询问："在游戏中，你能记住多少人的名字?""在游戏中，你没有做出动作，是忘记动作了吗？感受如何?""在游戏中你笑得特别开心，能说一下你的心情变化吗?"

图片来源：青岛理工大学 2016 级社会工作专业学生　课堂技能训练

## 04 认识你真好

专业目标　通过游戏使参与者互相认识，建立关系，打破僵局，营造良好的团体气氛。

适合人群　无特定人群。

适宜人数　以 10—40 人为宜，当人数过多时，社会工作者要注意使用扩音设备，保证游戏的安全性；当人数过少时，游戏效果可能不太明显。

建议时间　以 20—30 分钟为宜，可以根据现场效果，适当调整游戏时间。

场地要求　室内或室外均可。

物资准备　黑板或纸、笔若干。

游戏规则

• 两人自由组合配对，用 5 分钟的时间了解对方，互相了解的方式不拘形式。

• 约 5 分钟后，各组说出交谈的主题，社会工作者将每组的主题记录在黑板上或纸上。

• 接着社会工作者可说出一番话引导思考友情的意义和重要性。再用 5 分钟讨论这个问题。

• 大家再集合分享，将谈话更深入。社会工作者把这次讨论内容记录在第一次记录的旁边。

• 最后，参与者一起讨论前后两次的记录，分享感受。

**适用说明**

• 游戏之前需要社会工作者进行情感交流的引导。同时社会工作者在活动进行时需要控制好现场的秩序，使活动在一个友善的气氛中进行。

• 游戏过程中，社会工作者注意观察现场的气氛以及参与者的神态，可以适当延长或缩短游戏时间。

**社会工作者引导**

社会工作者可向其中几个参与者询问：“你觉得这种认识方式有什么优点或不足？你现在还有游戏开始前的陌生感吗？”“游戏结束后，你有交到好朋友吗？”可从参与者之间关系的改变以及是否变得熟悉等方向引导。

**游戏贴士**

社会工作者引导参与者思考的语言示例：人的一生中都有几位互相信任的知己朋友，若现在这位同伴成为你的知己，你想了解他什么呢？要维持知己关系，你觉得什么最重要？

## 05 蒙眼摸物识人

**专业目标** 在脱离视觉影响的环境下，使参与者增强对触觉的体会，提高参与者们的触觉感官能力，并且在识人过程中，增加参与者彼此之间的认识。

**适合人群** 无特定人群。

**适宜人数** 无限制。

**建议时间** 以 15 分钟左右为宜，可根据现场效果，适当调整时间。

**场地要求** 无限制。

**物资准备** 纸箱子 ×2，眼罩 ×2，玩偶、日用品、文具等小物品若干。

**游戏规则**

• 现场组织参与者自愿报名，进行第一轮蒙眼识物。

• 参与者戴上眼罩后在社会工作者的带领下从纸箱子里摸出任意一件物品，并在社会工作者的引导下描述该物体的具体特点（包括形状、大小、触感等），最后尝试说出该物品是什么。

• 蒙眼识物结束后，由社会工作者带领蒙眼识人，触摸另一名参与者的脸部（需确保参与者不知道是谁），通过触觉传递的感受来对对方外形、性格特点进行分析和描述等。

**适用说明**

• 游戏开始之前，社会工作者需要对小组进行情感交流的引导。同时社会工作者在活动进行时需要控制好现场的秩序，使活动在一个友善的气氛中进行。

• 这个游戏适用于同性别的参与者为一组，避免现场尴尬。

• 在蒙眼识人环节中，既可以用于陌生人群体的相识，也可以熟人之间用一种新的方式加深认识。通过触觉认识他人，对更好地了解对方有一定帮助和推动作用。

**社会工作者引导**

社会工作者可向其中几个参与者询问：“你觉得不用眼睛而用触摸方式认识他人有什么不同？你现在还有游戏开始前的陌生感吗？”可从参与者之间关系的改变以及是否变得熟悉等方向引导。

**为师者说**

该游戏蒙眼识人过程中，如果一方参与者触碰到对方不当地方，可能对原本不熟悉的双方产生不好的印象，因此在游戏开始前，社会工作者需告诉小组成员们一些注意事项以及征求参与者们的意见，以便游戏可以顺利展开并达到预期目标。同时社会工作者引导蒙眼者伸出手，并轻轻放在对方的面部，也可以让被摸的参与者双手交叉放在胸前。

## 06 认得好朋友

**专业目标** 通过该游戏能够打破小组内的沉默，消除陌生感，促进组员之间互动，激发创造思考能力。

**适合人群** 无特定人群。

**适宜人数** 以 10—50 人为宜，当人数过多时，社会工作者要注意使用扩音设备，同时要保证参与者的安全；当人数过少时，游戏效果可能不太明显。

**建议时间** 以 15—30 分钟为宜，可以根据现场效果，适当调整游戏时间。

**场地要求** 空旷的室内或室外。

**物资准备** 无。

**游戏规则**

- 参与者 A 站在场中介绍自己。介绍后，以自己独特的、吸引人的动作行进至圆圈内的同伴 B 面前（行进中，一面说出自己的嗜好，如我喜欢……），并把双手搭在 B 的肩上。
- A 站在 B 的位置，B 模仿 A 的动作并重复 A 的简介（他是谁……他喜欢……）行进至中心点。换 B 在圆心简介自己，然后再以自己独特的动作前进至圆圈某点找同伴 C。
- 以此类推，一个接一个，直到全体组员介绍完毕，并彼此分享回馈。

**适用说明**

- 该游戏适用于组员之间存在距离感等情况。

● 在游戏中，小组成员的动作应为自创，任何动作或配合动物叫声均可。

● 该游戏之前，社会工作者可以通过引导小组成员之间互相敞开心扉，以避免游戏中的尴尬情况的出现。

**社会工作者引导**

社会工作者可向参与者询问：“你觉得这种认识方式有什么优点或不足？你现在还有游戏开始前的陌生感吗？”“游戏结束后，现场有没有令你印象深刻的人？”可从参与者之间关系的改变以及是否变得熟悉等方向引导。

**参与者说**

这个游戏让我觉得有点尴尬，尤其是要求自创吸引人的动作这点，面对还不熟悉的其他参与者，对我来说很难在大家面前放飞自我、展示自己。不过对很多参与者来说，他们幽默又机智，做出的动作也很好玩，通过这种方式可以让大家对他们印象深刻。一方面，我觉得这个游戏可以用于热身游戏后，气氛活跃起来了，以避免尴尬的气氛。另一方面，我觉得这个游戏能很好地帮助我们认识彼此、了解彼此，比传统的自我介绍要好很多。

## 07 侦探 007

**专业目标** 通过该游戏能够打破小组内的沉默，消除陌生感，促进组员之间的互动和了解，并且使参与者归纳和了解自己的特征及兴趣。

**适合人群** 无特定人群。

**适宜人数** 以 10—30 人为宜，若人数过多，对于参与者来说相互认识的难度较大。

**建议时间** 以 20—30 分钟为宜。

**场地要求** 空旷宽敞的室内场地。

**物资准备** 20 把左右的椅子，纸与笔。

游戏规则

• 社会工作者将全部参与者平均分为 A、B 两组。A 组为神秘人物组，B 组则是侦探 007 组；社会工作者发给 A 组每人一张纸和一支笔。

• 请 A 组每人各自写好自己最明显的两项外部特征和两项个性特征。

例如：外部特征有很胖、很高、戴眼镜……个性特征有外向、腼腆、严肃……

• 待 A 组每人写好回收后，打乱顺序，并交给 B 组抽签，B 组每人根据自己手上的线索去寻找那名 A 组的神秘人物。

• B 组找到后进行"挖宝"阶段，侦探询问对方自己最想了解的问题（至少 5 个），例如他最喜欢什么运动、叫什么名字、血型……

• 之后依序请侦探带着所找到的神秘人物上台，并跟大家介绍其找到的神秘人物的具体情况。

适用说明

• A 组写自己特征时要明确，例如很高大概是多高（170 厘米左右），胖有多胖（多少公斤）等，个性特征也是一样，不要写模棱两可的答案。

• 在游戏过程中社会工作者要注意时间的把控。

• 若有性格较内向的组员，社会工作者要对其进行适度引导。

• 此活动也适用于团建类活动暖场。

社会工作者引导

社会工作者可向参与者询问："你觉得这种认识方式有什么优点或不足？"以及"你对你找到的神秘人物印象如何？""游戏结束后，现在有没有令你印象深刻的其他参与者？"可从参与者之间关系的改变以及是否变得熟悉等方向引导。

游戏贴士

## 四个性格类型

人，按理性、感性、直率、优柔来分，可分为力量型（理性和直率）、完美型（理性和优柔）、和平型（感性和优柔）和活泼型（感性和直率）。性格基本分为外向、内向、理性与感性，当然一个人理性与感性都是在这个人性格内向或外向的前提下的。

一、外向+感性（活泼型）：

在色彩中我们用红色来代表此类人，因为红色代表着热情、积极、乐观。优点：特别容易融入别人，语言很丰富，表现力特别强。很看重朋友，关心朋友，乐于助人，勇于承认自己的错误，很容易接受别人。喜欢做有趣的工作，有创新意识，说干就干。特别信任他人。缺点：爱插嘴，说话容易夸大其词，健忘，情感外露。

二、内向+理性（完美型）：

色彩中我们用蓝色来代表此类人，蓝色代表着沉稳、冷静、忧郁。优点：此类人做事特别谨慎，有目标感，关注细节，讲原则，属于思考者。情感不外露，尊重朋友，为人低调，有责任感。对人对己都是高要求，非常值得信任。缺点：容易抑郁，处事不够果断，不喜欢表现自己，给人距离感。

三、外向+理性（力量型）：

色彩中我们用黄色来代表此类人，黄色代表着阳光、活力、自信。优点：此类人属于领导者，把握大方向，行动力强，有活力，主动、自信、独立，不易放弃，情感外露。缺点：喜欢去命令别人，让人有压迫感，脾气大，不耐烦，不妥协，不听劝告，细节差。

四、内向+感性（和平型）：

在色彩中我们用绿色来代表此类人，绿色代表着和平、温和、淡定。优点：此类人和平、平静、温和、谦和、宽容、冷静，人际协调，聆听者，容易接纳别人。缺点：懒惰，懦弱，麻木，有时因为性格的温和会显得无能力，做事有些拖拖拉拉。

## 08 玩偶（沙包）接力

**专业目标** 通过游戏使参与者互相认识，打破陌生的氛围，增加参与者间的凝聚力。

**适合人群** 无特定人群。

**适宜人数** 以10—30人为宜，若人数过多，对于参与者来说相互认识的难度较大。

**建议时间** 以20—30分钟为宜。

**场地要求** 空旷宽敞的室内场地。

**物资准备** 玩偶。

**游戏规则**

- 参与者全部围圈坐，当组员初步认识了对方的名字后，游戏开始。
- 首先由社会工作者向其中一名组员抛玩偶，接到玩偶的组员则继续将玩偶抛向其他组员，直至所有组员接过玩偶，再由最后接到玩偶的组员将玩偶抛回社会工作者。
- 在抛玩偶时，每个人都需要和抛向的那名组员有眼神接触，并叫出对方的名字，玩偶要通过抛的方式传出去，不可以传给左右的组员，在所有组员接到玩偶之前不能重复向其中一个组员传递。
- 完成一回合后，计算完成时间，然后再进行另外一个回合，让组员思考如何在更快的时间内完成。
- 游戏结束，社会工作者引导组员互相交流和分享。

**适用说明**

- 该游戏适用于陌生成员存在距离感、隔阂以及相互不了解的情况。
- 社会工作者可以根据现场氛围和实践，在抛了数回合后逐步加抛玩偶，让更多组员在同一时间互抛玩偶，进一步增强组员之间的联系，并且也可抛出一些古怪或惊吓的玩偶，增加游戏的刺激性及趣味性，让小组氛围变得轻松，更好地促进相互认识。
- 玩偶也可以用沙包代替。
- 在游戏结束时，社会工作者引导小组成员进行交流和分享时，从抛玩偶如何用时最短向游戏初衷（促使小组成员相互认识、熟悉）递进交流，让小组成员们能对游戏有更好的认识。

**社会工作者引导**

社会工作者可向参与者询问“你觉得这种认识方式有什么优点或不足？

你现在还有游戏开始前的陌生感吗?”“游戏结束后，现在有没有令你印象深刻的其他参与者?”可从参与者之间关系的改变以及是否变得熟悉等方向引导。

示例漫画

## 09 四拍记名

专业目标 使组员可以更快记起其他组员的名字，互相认识，打破陌生的氛围，增加组员间的凝聚力。

适合人群 无特定人群。

适宜人数 以 10—30 人为宜，若人数过多，对于参与者来说相互认识的难度较大。

建议时间 以 20—30 分钟为宜。

场地要求 空旷宽敞的室内场地。

物资准备 无。

游戏规则

• 社会工作者带领全体小组成员学习游戏的拍子，总共是四拍，动作可以是：双手拍大腿或拍手，注意节拍要慢。

• 由一名组员 A 开始，跟拍子传给其他人，于第三拍说出对方 B 的名字，第四拍说出数目且必须是 1—4 范围内。

• B 必须于下个拍子进行衔接，并且说出 C 的名字的那个次数是刚才 A 所说出的数目（如 A 说了 3，B 则需要于第三拍说出 C 的名字和另外一个 1—

4 的数字）。

- 以此类推，若接不下去则输。

### 适用说明

- 该游戏适用于小组成员之间存在距离感、相互不熟悉的情况。
- 在游戏过程中社会工作者要注意时间的把控，可根据现场氛围适时地增减时间。
- 若在小组中有性格较内向的组员，社会工作者要对其进行适度引导，并且协助他加入游戏中。
- 当游戏氛围轻松、愉快时，游戏效果体现较为明显。

### 社会工作者引导

社会工作者可向参与者询问：“你觉得游戏有难度吗？你觉得这种认识方式有什么优点或不足？你现在还有游戏开始前的陌生感吗？”“游戏结束后，现在有没有令你印象深刻的其他参与者？”可从参与者之间关系的改变以及是否变得熟悉等方向引导。

### 为师者说

此游戏较为考验参与者的反应能力，需要视参与者的实际情况调整难度。实践中常常会出现失败的情况，如果使用惩罚环节，要避免参与者压力过大而放弃游戏。

# 第四节 人际交往类游戏

## 01 走出人际迷宫

**专业目标** 通过引导参与者画出自己的人际关系图，帮助参与者了解自己与周围人关系的亲疏远近，从而自我检视人际关系状况。

**适合人群** 无特定人群。

**适宜人数** 以1—40人为宜，当人数过多时，社会工作者要注意使用扩音设备。

**建议时间** 以15分钟左右为宜，可以根据现场效果，适当调整游戏时间。

**场地要求** 较为安静的室内环境。

**物资准备** 纸、笔若干。

**游戏规则**

• 社会工作者向参与者介绍规则：使用常见符号代表不同关系人，使用直线、虚线或曲线等线段代表关联状况。画出以自我为中心的人际关系图。举例介绍关系图画法，见附图。

• 给参与者发放纸、笔，让大家开始画自己的亲密关系图。

• 待参与者都全部画完之后，进行交流分享。

**适用说明**

• 游戏现场若参与者人数较多，社会工作者需要注意游戏规则的讲解，保证现场每名参与者都能画出自己的人际关系图；若参与者人数较少，社会工作者可根据现场状况适当增加参与者自我审视、思考与讨论的时间，以便于参与者能对自己的人际关系状况有更全面的认识。

• 在介绍关系图画法时，社会工作者应注意不要给参与者过多的限制，尽量给参与者更多自由发挥的空间，通过自己的心意画出的关系图能够更好地帮助参与者审视自己的人际关系。

● 在画图过程中为了让参与者可以放松投入地思考，社会工作者可视情况播放一些舒缓的音乐。

● 此游戏亦适用于家庭关系图，以帮助参与者自身或社会工作者了解参与者的家庭关系情况。

**社会工作者引导**

社会工作者可以引导参与者从检视自我人际关系状况方面进行交流与分享，例如“自己的人际关系图是怎样的？与自己最为亲密的是谁？在图中有没有关系较为紧张的部分？根据自己的人际关系图，有没有发现自己有哪些人际关系需要改善？”

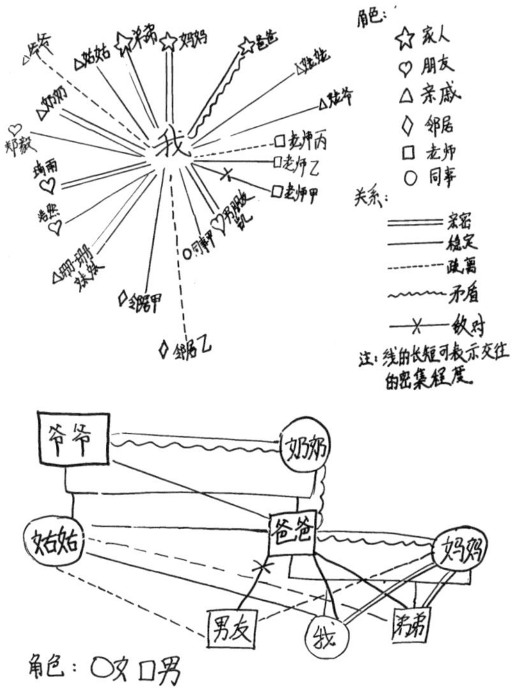


图片来源：青岛理工大学 2015 级社会工作专业学生　课堂技能训练

## 02 有难同当

**专业目标** 在危急时刻想要求助的朋友通常是人们最值得信任的朋友，而同时能够确信会为自己提供帮助的朋友则是其朋友关系中最可靠的朋友。通过该游戏可以帮助参与者检视自己的朋友关系，厘清对自己来说最值得信任、最可靠的朋友。

**适合人群** 无特定人群。

**适宜人数** 以1—40人为宜，当人数过多时，社会工作者要注意使用扩音设备。

**建议时间** 以10分钟左右为宜，可根据现场效果，适当调整游戏时间。

**场地要求** 无特定要求。

**物资准备** 纸、笔若干。

**游戏规则**

- 社会工作者为参与者假定一个场景，当参与者遇到特别困难的事情时，请参与者在30秒内写出自己认为会义无反顾地给予他（她）帮助的朋友的姓名（不能写简称）。
- 参与者分享自己为什么会想到这个（这些）朋友以及自己对友情的认识。

**适用说明**

- 在场景描述中，社会工作者要尽量将场景具体化，以免参与者提出疑问而增加其思考时间。
- 在游戏中社会工作者要讲清楚游戏内涵，同时注意引导，避免参与者陷入仅仅比拼朋友数量的误区。
- 在分享环节中，社会工作者要鼓励参与者积极进行分享交流，通过交流的环节以加深参与者对朋友关系的认识。

**社会工作者引导**

社会工作者可以引导参与者从检视自我以及与朋友间的关系方面进行交

流与分享。例如，“自己所写的朋友是位怎样的朋友？为什么会对他如此信任？”若没有写出朋友的名字，社会工作者可以引导参与者进行反思，“为什么在关键时刻没有想到任何朋友？”“是不是自己在处理与朋友之间的关系方面还有什么地方是做得不足的？”

游戏贴士

**危机场景描述（针对青少年人群）**

现在闭上眼睛，想象这样一个场景：这是一个普通得不能再普通的星期一，上了一上午的数学课，同学们疲惫地趴在课桌上午休。忽然一阵浓烈的烧焦的味道冲进你的鼻腔，你被这浓烟味呛醒，睁开眼目及之处皆是一簇簇比人还要高的火焰，火光刺痛了你的双眼，浓烟堵住了你的喉咙，你看向四周想要求助，却发现燃着熊熊烈火的教室里只剩下你一人，你心里难受极了，“同学们呢，都逃出去了吗？为什么没有叫醒我逃命呢？”你的心中有无数疑惑，想哭却又哭不出来。看着周围燃烧的火焰你已经失去了冲出去的勇气。正在这时，你听到走廊外一阵急促的脚步声，有人在大喊着你的名字，这声音越来越大，这脚步声越来越近，终于……

原来，同学们都逃出去后在清点人数时发现你不在，有同学回忆起你可能还在教室睡觉，当时大家都跑得急，声音又很大以为你醒了，可惜你睡得太沉了。得知这个消息后，你的朋友不顾熊熊大火返回火场救你，你认为这个（这些）人是谁呢？

## 03 七彩带

**专业目标** 通过游戏，使参与者说出自身想说又说不出口的话，拉近参与者与家人朋友之间的关系，释放心中的压力。

**适合人群** 无特定人群。

**适宜人数** 以8人一组为宜，当人数过多时可通过分组或随机抽取进行；当人数过少时，游戏效果可能不太明显。

**建议时间** 以 30 分钟左右为宜，可根据现场效果，适当调整游戏时间。

**场地要求** 空旷安静的室内。

**物资准备** 带子若干，眼罩一个。

## 游戏规则

● 采取自愿形式，选出一名参与者参加，作为倾吐心事的中心人物，为其戴上眼罩。

● 房间内，随机抽取几名其他参与者（人数可根据实际情况加减），组成一个圆圈，每人拿一根彩带，充当中心人物的某一亲密关系人，戴着眼罩的参与者站在圆圈中心，拉住其他几名参与者手中彩带的另一端，通过彩带向自己的亲密关系人说出心里话。

● 充当亲密关系人的参与者可根据中心人物的语言选择靠近一步还是远离一步。

● 结束后可根据情况，看中心人物是否说出真心话，决定是否继续重复上述步骤，时间最好不要超过 30 分钟。

## 适用说明

● 倾诉者需要一个相对安静的环境以便于自己能够全情投入，说出心里话。

● 社会工作者在游戏过程中要注意引导，在引导不明确的情况下，参与者容易由说出心里话转变为表达自己对亲密关系人的感情，社会工作者应根据活动目的对倾诉者作出一定的引导。

● 被倾诉者也应投入倾诉者的话语中，适当给予其一定的回应，不能置身事外。

● 此游戏容易引起参与者心情的起伏，在游戏结束后社会工作者可以适当跟进一些活动以使倾诉者平复心情。

● 此游戏也可以与解压类游戏配合使用，以帮助参与者倾吐心事，缓解压力。

● 社会工作者应在游戏开始前和结束后强调保密原则，给倾诉者一个安全放心的环境表达心声。

**社会工作者引导**

社会工作者可向参与者询问:“你的心情或情绪是否已经从游戏氛围中出来？是否平复下来?”“你有没有将自己想说的话说出来？抒发自己的情绪?”“通过这个游戏，你有什么感受?”社会工作者在与参与者进行对话时，应将参与者在游戏中所有的感受以及未来在处理各种关系中会有哪些改变作为最终方向。

**为师者说**

该游戏中七彩带象征与亲密关系人之间的纽带，如果不好取材，也可以用等距离的几张 A4 纸隔开，规则一致（当听到圆中心的人说出真心话时，通过向圆心或者圆外迈一步给出反馈)。游戏结束后，现场会直观地呈现出站在圆心的人的亲密关系图，可以帮助其更好地认识自己的亲密关系状况。同时通过游戏可以让圆心的人有机会抒发对不同亲密关系人的感受，并通过反馈环节，更好地思考自己的想法和言语是如何影响和改变着双方的关系。

## 04 突出重围

**专业目标** 培养参与者的团队意识，一方面让参与者体会团结的力量，另一方面也让参与者感受被孤立的失落感，以此来推己及人，增强团队凝聚力。

**适合人群** 团队或小组成员，该游戏尤其适用于意见产生分歧，出现冲突的团体或小组。

**适宜人数** 以 10—40 人为宜，当人数过多时可考虑分组进行，注意把控现场，保证参与者的安全；当人数过少时，游戏效果可能不太明显。

**建议时间** 以 15—20 分钟为宜，可根据现场效果，适当调整游戏时间。

**场地要求** 空旷平坦的场地。

**物资准备** 无。

### 游戏规则

• 参与者围成一个圆圈并且用手臂互相勾住身旁的人，每人之间留有一定空隙，有一名参与者站在圆圈里，作为突围者。

• 突围者可采用钻、跳、推、绕、拉、诱骗等方式，力求突围出去，包围的人则团结一致，不让其闯出。

• 突围时间为 1 分钟，1 分钟内冲出圆圈则突围成功，否则视为失败，口哨吹响时，游戏结束。

### 适用说明

• 游戏开始前社会工作者要叮嘱所有参与者将手链、钥匙、手机等放好，以免划伤或磕碰。

• 考虑到游戏的安全性问题，该游戏不建议老年人参与。同时在游戏过程中社会工作者应不断提醒参与者注意安全，安全第一。

• 社会工作者要根据参与者的体力状况注意把控时间，可适当增减每轮时长以及游戏总体轮数。

• 该游戏也可作为团建类活动以提高团队成员的合作意识，或在小组工作中期当出现组内冲突时用来缓和组内关系，促进小组的继续发展。

### 社会工作者引导

社会工作者可以针对突围者进行提问："在突围过程中你遇到了什么样的困难?""当别人都用同样敌对的状态孤立你的时候，你有什么样的感受?""你认为孤立一个人对其人际交往会有什么样的伤害?"也可以针对包围者进行提问："在游戏过程中你们为了防止对方突出你们的包围圈，你们是怎样做的?""如果换位思考，你认为在游戏中当你们严防死守的时候，突围者的心情如何?""在往后与团队成员的交往中你觉得你应该如何做?"

### 参与者说

在这个游戏里我分别体验了突围者和守护者两个角色，却也体验了两种截然相反的感觉。当突围者时，不管向哪个方向跑都有一群人瞬间过来挡住我，即使最后侥幸突出重围，却也没有体会到胜利者应有的喜悦感，身心都感到疲惫。当守护者时，我们一组人一起包围突围者防止其跑出去，胜利的那一刻真心感到开心。忽然想起一句话：一个人的狂欢仍是孤独的。这是一个能够让我们反思自身、反思团队相处模式的游戏。

## 05 穿越中心点

**专业目标** 使参与者理解在处理团体关系中谦让的重要性。在与别人产生矛盾的时候只有双方各退一步，或者主动一些去找对方进行沟通，才能更好地融入一个群体。

**适合人群** 团队或小组成员，此游戏尤其适用于意见产生分歧，各持己见、互不相让的小组或团体。

**适宜人数** 以 10—40 人为宜，当人数过多时，社会工作者要注意使用扩音设备，同时保证参与者的安全；当人数过少时，可能因为游戏难度过小而无法完全达到游戏目标。

**建议时间** 以 20 分钟为宜，可根据现场效果，适当调整游戏时间。

**场地要求** 空旷的场地。

**物资准备** 无。

### 游戏规则

- 参与者围成一个大圆圈，在这个圆圈的中心设置一个中心点（也可以放一张纸作为标记）。听社会工作者的指挥同时向中心点走去，不分先后。这时就会造成一群人挤在中心点的周围，让他们自己想办法走到对面那个人的位置。需要注意的是每个人一定要双脚经过中心点走向与之相对的人的那个位置，即为成功。
- 计算通过时间，社会工作者引导参与者思考如何让全体人员通过又节省时间，然后重复一次或者几次，分别计时。
- 最后引导参与者分享怎样做才能保证全体人员都通过并用时最短。

### 适用说明

- 游戏过程中社会工作者要随时提醒参与者注意安全，避免发生挤碰。
- 社会工作者要针对游戏规则进行严格规定，以免有些参与者因违反游戏规则或投机取巧而达不到该游戏最终想要呈现的效果。

• 在游戏结束后，社会工作者要及时进行总结，或者邀请参与者进行感受分享，以此来实现专业目标，使参与者感受到谦让的重要性。但此用意不宜在游戏开始前就告知参与者，否则参与者的感受可能不会太明显。

• 该游戏也适用于当小组工作开展到中期，组内成员出现冲突或意见不统一时来缓和组内关系。

社会工作者引导

社会工作者可以向参与者进行提问："在游戏中你们是怎样成功穿过中心点的？""在其中有谁起到了关键性作用？他是主动迈出了一步还是主动后退了一步让大家先走？""怎样做才能保证全体人员都通过并用时最短？""在团队活动中如果遇到问题或者意见不一致时，大家应该如何做才能解决问题？"

为师者说

此游戏的规则一定要明确，必须是同时穿越不分先后，也必须是全体人员到达对面位置才结束。也就是说要制造出拥挤状态，这时候参与者有几种选择，一是不管他人使劲挤过去，二是站在外围看别人通过后再通过，这两种情况都不会有理想后果，第一种会导致人际冲突甚至受伤，第二种会导致全体人员通过的用时过长，效率低下。让参与者体会如何在人际交往中既要照顾到团队其他人的利益也要积极实现自己的目标。

## 06 主人与天使

**专业目标** 通过该游戏，使参与者增进彼此的互动关系，拉近相互之间的距离，同时帮助参与者学会主动关心他人，与他人建立和谐友好的关系。

**适合人群** 小组建立初期相对较不熟悉的成员。

**适宜人数** 无特定人群。

**建议时间** 以一周时长为宜。

**场地要求** 无特定要求。

**物资准备** 无。

**游戏规则**

- 参与者每人都是“天使”，同时也是“主人”。
- 在团体中选出另外一人做自己的主人。
- “天使”必须为自己的主人做一件“好事”，例如赞美主人、帮他一个忙或送件小礼物等，同时也不能让主人知道自己是谁。
- 一周后揭晓主人与天使的身份。

**适用说明**

- 社会工作者要注意提醒参与者在帮助过程中尽量对对方多使用精神支持，少用物质性支持，以达到对“主人”的精神鼓励的效果。
- 此游戏尤其适用于小组工作初期阶段以提高成员之间的熟悉度与亲密度，或者用于缺乏自信心、相对较为自我封闭的群体之中，以提高参与者的自我认同感，帮助参与者打开心防，尝试与他人进行交往。

**社会工作者引导**

在揭晓主人与天使的身份后，社会工作者可以分别采访不同的参与者，在他们帮助别人以及被别人帮助时的感受如何，是否想要对帮助自己的人表示感谢，从而拉近参与者相互之间的距离。

**参与者说**

再平淡的生活也需要一些暖心的小惊喜！周三本来是我值日，负责打扫一教楼前的落叶，结果等我拿着工具来时发现已经被打扫干净了，瞬间想起自己参加的这个游戏，猜到可能是我的那个“天使”做的。今天揭晓的时候，发现我的“天使”竟然是隔壁班我连话都没说过几句的姑娘。她说之前有一次她肚子疼，疼得走不动路，是我路过并主动扶她去了教室，还回自己班给她拿了止疼药送过去。赠人玫瑰，手有余香。这件事我其实早就记不清了，更别提帮助过的人长什么样，结果她一直记到现在。这个游戏让我又有了动力去做更多力所能及的事来帮助别人。

## 07 沟通的奥秘

**专业目标** 让参与者感受单向沟通与双向沟通的异同，使其掌握在不同情境中使用不同沟通方式的能力，学会灵活沟通。

**适合人群** 10 岁以上人群为宜，若参与者年龄过小，可能无法感受到游戏的意义。

**适宜人数** 以 10—40 人为宜，当人数过多时，社会工作者要注意使用扬声器；当人数过少时，可能无法完全达到游戏目标。

**建议时间** 以 20 分钟左右为宜，可根据现场效果，适当调整游戏时间。

**场地要求** 安静的室内。

**物资准备** 总人数两倍以上数量的 A4 纸。

**游戏规则**

• 给每名参与者发一张纸。

• 社会工作者发出单项指令：大家闭上眼睛—全过程不许问问题—把纸对折—再对折—再对折—把右上角撕下来—转 180 度，把左上角也撕下来—睁开眼睛，把纸打开。此时大家会发现撕出了各种不同的形状。

• 社会工作者可以请一名参与者上来，重复上述的指令，唯一不同的是这次参与者们可以向发出指令者提出问题，进行双向沟通。

**适用说明**

• 在游戏过程中社会工作者要注意把控现场氛围，在第一环节中，现场要尽量保持安静，避免参与者交头接耳相互讨论；在第二环节中，社会工作者则应鼓励参与者尽量将自己的疑问都向发出指令者提出。

• 在交流环节中，可能会出现参与者不积极发言或发言偏离专业目标的情况，这需要社会工作者鼓励参与者积极发言，并且进行适当引导和启示，使参与者们自己感受到游戏的意义。

**社会工作者引导**

在游戏期间社会工作者带领大家进行思考，完成第一步之后可以问大家："为什么会有这么多不同的结果？（也许大家的反映是单向沟通不许问问题所以才会有误差）"完成第二步之后再问大家："为什么还会有误差？（希望说明的是，任何沟通的形式及方法都不是绝对的，它依赖于沟通者双方彼此的了解、沟通环境的限制等，沟通是意义转换的过程）"。

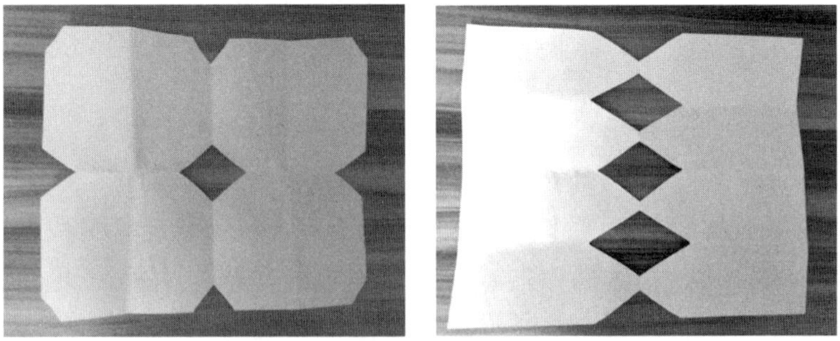

单向沟通结果（同一条口令的不同成果展示）

## 08 "语言"压力

**专业目标** 使参与者了解在人际交往中要注意自己的态度和表情，不要影响他人的情绪或者阻碍人际互动。

**适合人群** 无特定人群。

**适宜人数** 以20—40人为宜，当人数过多时，社会工作者要注意使用扩音设备；当人数过少时，可能游戏效果不佳。

**建议时间** 以15分钟左右为宜，可根据现场效果，适当调整游戏时间。

**场地要求** 无特定要求。

**物资准备** 无。

**游戏规则**

- 本活动分为两轮，第一轮为群体体验，第二轮为个人接受群体的肢体语言对话，加强对比的明显性。

•第一轮将全体参与者分为A、B两组相对而站，活动开始由A组参与者背对B组，B组参与者在社会工作者的指导下做出肢体动作，动作统一做完后社会工作者引导A组参与者转身，感受B组参与者的肢体语言，如此循环几个动作之后，A、B两组角色互换，由A组参与者表达动作，B组参与者感受肢体语言压力。

•第二轮为个人感受语言压力，选一名或两名参与者背对大家，全体参与者在社会工作者的指导下做出动作，做出动作后令体验者转身，感受这种环境下的肢体语言压力，如此循环。

## 适用说明

•在游戏过程中社会工作者要注意心理引导，以使参与者尽快进入角色。

•参与者做出的肢体动作最好分别体现正向和负向两种情绪，以便于对方能够更为全面地感受不同态度的肢体语言所带来的压力。

•游戏结束后，社会工作者可积极引导不同参与者分享自己的感受。

## 社会工作者引导

社会工作者可以针对感受肢体语言压力的参与者进行提问："在分组感受肢体语言压力和个人感受肢体语言压力中你认为影响更大的是哪一种？""当别人都用同样的状态对你的时候，你有什么样的感受？""你认为'语言'压力在人际交往中的影响力如何？"从而引导参与者向人际交往中语言压力的危害方面进行思考。

## 示例漫画

## 09 被冷落的人

**专业目标** 冷落者通过被冷落者的回应，促进其产生同理心和给予他人支持的能力。团队内相处久了，就极易产生矛盾，通过这个游戏，可以进行情绪发泄、直接表达，以此来找出组员之间相互介意的“点”，通过各自表述，消解矛盾。在表达的过程中，找到相同的点，以寻求同理心，发掘组内成员互相支持的能力。

**适合人群** 相互熟悉的群体成员，如同宿舍成员、比较熟悉的小组成员等。

**适宜人数** 以10—40人为宜，当人数过多时，社会工作者要注意使用扩音设备；当人数过少时，可能游戏效果不佳。

**建议时间** 以30分钟左右为宜，可根据现场效果，适当调整游戏时间。

**场地要求** 空旷的室内。

**物资准备** 气球、纸、笔若干。

**游戏规则**

- 分组：以熟人为小组，6—8人为一组。
- 推选：积极、乐观、正向的人，平时人缘较好，心理承受能力较强的人，出来接受小组成员的批评，扮演“被冷落的人”。如不愿意，采用“石头、剪刀、布”，输了的人出来扮演。
- 开始批评：可以说日常生活中的一件能影响团队的小事，也可以说这个人的不良习惯等。其他小组成员用最直接的话说出这个人的毛病，写在纸上，说给被冷落的人听，此时“被冷落的人”嘴里吹气球，听到成员说一个毛病，就要向气球吹一口气，全程不能作答，直到吹爆为止（毛病不能有前因后果，直接下结论）。
- 开始回应：“被冷落的人”吹破气球后，开始对所有毛病进行一一回应，其余小组成员只能听。双方各自陈述完，再深入互相交流，以达到气氛融洽。

• 再交流：要求组员重新看自己的字条，用另一种委婉的方式表达出自己的意思。

### 适用说明

• 该游戏对小组内成员关系有一定要求，并不适合所有群体小组。若小组成员之间互相了解不够彻底，可能导致说出的缺点浮于表面，或者碍于情面不好意思互相指出缺点，导致游戏效果变差。

• 该游戏效果跟小组成员参与度紧密相关，需要参与成员十分配合，同时社会工作者也需要鼓励参与者积极参与游戏。

• 在受批评者的选择上，要选取抗压能力较强的人，以免对参与者造成巨大的心理压力。

• 在该游戏中，对于尺度的把握也是对社会工作者一个很大的考验，社会工作者可根据现场情况，适度增加社会工作者介入以及再交流的时长。

### 社会工作者引导

在组员与“被冷落的人”双方都陈述完毕后，社会工作者可以对其进行分别采访。社会工作者可以首先采访“被冷落的人”：“在别人否认你的时候，你是什么感受？想不想立刻放下气球辩解？”然后采访组员：“听到解释后，能否理解他的这种行为？”最后引导小组成员进行反思，将“被冷落的人”的缺点同样质问给其他成员，并让其自我反思是否自己也有同样的缺点。

**图片来源：青岛理工大学 2015 级社会工作专业学生　课堂技能训练**

## 10 遇见陌生人

**专业目标** 为了增强参与者的勇气和沟通能力。和陌生人交谈，更能锻炼口才和人际沟通艺术，学会有意识地运用沟通技巧让别人在短时间内了解信任自己并建立关系。

**适合人群** 青少年人群。

**适宜人数** 以5—10人为宜，若人数过多，不好控制现场，对青少年的人身安全也难以保证。

**建议时间** 以20分钟左右为宜，可根据现场效果，适当调整游戏时间。

**场地要求** 无特定要求。

**物资准备** 无。

**游戏规则**

- 几名参与者出去各自找一个陌生人。
- 参与者对陌生人进行自我介绍，然后进行简短的交流，并征求陌生人的意见是否愿意跟随参与者回到活动场地进行简短的感受分享。时间控制在10—15分钟。
- 陌生人分享结束后，参与者进行感受分享。

**适用说明**

- 几名参与者外出寻找陌生人时，最好有社会工作者跟随以保证青少年的安全，防止意外发生。
- 如果参与者面对陌生人比较羞怯不敢上前时，社会工作者要积极鼓励参与者，用积极正向的话语来提高其自信心。

**社会工作者引导**

社会工作者可以引导参与者分享自己是怎样与陌生人进行交流的、当时自己的心情如何、当陌生人同意与自己回到活动场地时自己有什么样的感受，从而使参与者发现自己的能力，使其在日常与人沟通中更加自信。社会工作者也可以询问被带到现场的陌生人他为什么会跟参与者来到现场、参与者是怎么打动他的、对这个游戏有什么感受。

图片来源：青岛理工大学 2016 级社会工作专业学生　课堂技能训练

# 第五节　个人增能类游戏

## 01 一指禅

**专业目标** 让小组成员感受团队团结的力量，增强成员之间的信任，提高团队成员的自信心。

**适合人群** 以青少年、青年人群为宜。

**适宜人数** 以10—15人为宜，可以根据被抬者的体重适当增加或减少人数。

**建议时间** 以10—15分钟为宜，可以根据现场效果，适当调整游戏时间。

**场地要求** 空旷的场地。

**物资准备** 尺寸合适的桌子、垫子。

**游戏规则**

● 在小组内选一名成员平躺在桌子上，小组选择抬起参与者的人数，进入挑战。

● 其他小组成员分别使用一根指头，放在该成员头部、肩部、腰部、臀部、大腿及小腿之下。第一阶段：抬起体重较轻的志愿者，第二阶段：抬起体重较重的志愿者。在每一阶段中，有两次挑战机会。

● 由社会工作者发号施令，一起用力将其抬起。

**适用说明**

● 该游戏适用于小组各个阶段，特别是小组凝聚力不强的情况。因为游戏有一定的危险性，所以参与者必须有较好的身体素质。

● 游戏中需要社会工作者提前做好安全防护措施，可以在桌子上铺上垫子。社会工作者在活动之前需要提前向小组成员说明游戏的安全性，消除成员的畏惧心理。

- 游戏可以分阶段逐步进行，可以通过慢慢减少抬的人数，增加趣味性和挑战性。

社会工作者引导

在游戏结束后，社会工作者可以向被抬的参与者询问："在游戏前，当你被选为被抬的人，你害怕吗？你当时信任你的队友吗？你觉得你能够被抬起来吗？""你是如何克服当时的恐惧的？""当你被大家稳稳地抬起来后，你当时的心情是什么样的？"社会工作者可以向周围抬人的参与者询问："你在游戏之前，觉得能够成功吗？你当时是什么样的心情？""你认为这次团队成功完成挑战（没有完成挑战）的原因是什么？"社会工作者可以注意从参与者在游戏前后的心情的变化以及内心的感受来引导参与者进行分享。

**图片来源：青岛理工大学 2016 级社会工作专业学生　课堂技能训练**

## 02 鼓劲手语

**专业目标** 提高团队成员的自信心，学习赞美他人、鼓励他人，培养荣誉感。

**适合人群** 无特定人群。

**适宜人数** 以10—40人为宜，当人数过多时，社会工作者要注意使用扩音设备；当人数过少时，游戏效果可能不太明显。

**建议时间** 以10—15分钟为宜，可以根据现场效果，适当调整游戏时间。

**场地要求** 安静的场地。

**物资准备** 无。

### 游戏规则

- 参与者围成一圈，两两一组。
- 大家一边拍手，一边大声念“我真的很不错，我真的很不错，我真的真的真的真的真的很不错”，说完后竖起大拇指。
- 参与者转向身边的人，双手一边轻拍他们的肩膀，一边大声念“你真的很不错，你真的很不错，你真的真的真的真的真的很不错”，说完后竖起大拇指。
- 参与者可以再转向另一边，重复刚才的动作。

### 适用说明

- 该游戏适用于小组成员自信心不强以及组员之间存在隔阂的情况下。
- 社会工作者在游戏之前需要提前让小组成员敞开心扉，游戏中需要社会工作者不断给予参与者鼓励，直到所有参与者都大声喊完后才能停止游戏。
- 在游戏过程中，社会工作者需要观察参与者的表情和动作，当大家没有完全投入游戏时或者出现注意力不集中的状况时，可以适当地增加或缩短游戏时长。

### 社会工作者引导

在游戏结束后，社会工作者可以询问：“在游戏过程中，你的声音十分洪亮，你觉得游戏前后你的内心有什么变化吗?”“你觉得这个游戏能够提高你的自信心吗?”社会工作者主要通过参与者的动作与神态的变化，由浅入深引导参与者说出自己的变化。

游戏贴士

鼓劲手语《我真的很不错》教学网址 https：//www. iqiyi. com/w_19rvw15c59. html.

## 03 后背打招呼

**专业目标** 通过背靠背打招呼这个游戏，参与者们都很好地体验到这种新颖的打招呼方式对我们固定的思维模式的冲击，让我们在生活中换种思维思考问题。

**适合人群** 无特定人群。

**适宜人数** 以 10—40 人为宜，当人数过多时，社会工作者要注意使用扩音设备；当人数过少时，游戏效果可能不太明显。

**建议时间** 以 10—15 分钟为宜，可以根据现场效果，适当调整游戏时间。

**场地要求** 宽阔的场地。

**物资准备** 无。

**游戏规则**

- 参与者围成圈，之后打乱顺序，随意倒着走动，直到参与者的后背遇到另一个后背。
- 具体打招呼的方式可以按照自己的意愿设定，比如用自己的后背蹭一蹭所遇到的那个未知的后背，带领那个人行走一小段距离等。
- 整个游戏期间，每一个后背大概要与两三个后背相遇。每两个后背相遇的时候要用心感受一下对方给你的感觉，过程中不能回头，不能有语言交流。

• 游戏结束以后，参与者交流一下心得体会。

适用说明

• 社会工作者先示范游戏的规则，游戏过程中社会工作者要给予参与者们正确的引导，把握游戏时间，注意避免参与者间的不当肢体接触。

• 游戏过程中，社会工作者要提醒大家不要与自己熟悉的人围在一起，要尽可能地走远一点，可以尝试异性间的打招呼。

• 社会工作者在游戏过程中要提醒大家过程中切勿交谈，更不可回头看遇到的人，一定要保持游戏过程中的神秘感。

社会工作者引导

社会工作者在游戏结束后，可以询问："在游戏中，你通过后背打招呼，你认出你后背的人了吗？你觉得他是一个怎样的人？你喜欢这种感觉吗？""通过这个游戏，你觉得正面打招呼与后背打招呼分别有什么特点？你从后背打招呼中学到了什么？"

参与者说

这个游戏让我觉得有些尴尬又很新奇，后背与后背的接触是一个很好的进一步交往、建立更亲密关系的方式，我觉得更适用于小组中期，对彼此已经比较熟悉之后，想要建立更密切的关系时。

## 04 倒背诗

专业目标　使参与者在参与过程中提高反应能力，并且通过这个活动锻炼大脑的灵活性。

适合人群　无特定人群。

适宜人数　以 10—30 人为宜，当人数过多时，社会工作者要注意使用扩音设备；当人数过少时，游戏效果可能不太明显。

**建议时间** 以20—30分钟为宜，可以根据现场效果，适当调整游戏时间。

**场地要求** 宽阔平坦的场地。

**物资准备** 无。

**游戏规则**

- 首先，参与者围成一个大圈。社会工作者带领参与者一边背一首诗，一边顺着大圈的顺时针方向走，例如《悯农》。
- 当参与者顺时针方向向前走时，一步一字地进行正背诗。例如，锄、禾、日、当、午。当参与者倒着逆时针走时，进行一步一字地倒背诗，例如，午、当、日、禾、锄。
- 在游戏过程中，需要循序渐进，先进行两个字正背及倒背，之后每次增加一个字，直到整首诗背完。
- 游戏结束以后，社会工作者组织参与者交流一下心得体会。

**适用说明**

- 社会工作者先示范游戏的规则，游戏过程中社会工作者要给予参与者们正确的引导，把握游戏时间。
- 在游戏过程中，社会工作者需要观察参与者的表情和动作，当大家没有很好地完全投入游戏时或者出现个别参与者注意力不集中的状况时，可以适当增加游戏的难度，将难度从一个一个字的递进增加变为三个及以上的字数增加。
- 在游戏结束后，社会工作者需要及时组织参与者进行交流和分享，说明游戏的目的以及方向，避免参与者们对于游戏的认识仅存在于趣味性等方面。
- 该游戏不仅可以用于增能类，并且同样适用于团队建设方面。

**社会工作者引导**

社会工作者可以在参与者失败的时候引导参与者重振信心，可以询问："这次失败主要是在哪个地方，你认为应该怎么做才能避免这种错误？如果再给你一次机会你觉得能够成功吗？"游戏结束后，可以从他们成功的技巧或者失败的经验谈起，可以问："这次你们能够一次成功，原因是什么？"

**游戏贴士**

如果现场因难度过高而无法进行游戏，有以下办法降低难度：办法一：选择人们熟知的古诗；方法二：选择一句常用标语，如“为中华之崛起而读书”；方法三：尽量放慢速度，一字一字读出；方法四：在黑板上写出古诗，让参与者先练习正读几遍，倒读几遍。

## 05 换位置

**专业目标** 该游戏目的是训练参与者的观察能力和记忆力，同时调动起参与者参与活动的积极性，为后续活动营造出良好的氛围。

**适合人群** 无特定人群。

**适宜人数** 以 10—30 人为宜，若人数过少，则游戏难度过低；若人数过多，可分组进行。

**建议时间** 以 20 分钟左右为宜，可根据现场游戏效果，适当调整游戏时间。

**场地要求** 空旷的场地。

**物资准备** 足够数量的椅子。

**游戏规则**

- 选十几个参与者出列，一人一把椅子，随机围成圈坐好。
- 社会工作者另指派 1—2 个人在 1 分钟内进行观察并记忆各参与者的位置。时间到后，观察并记忆的参与者离开教室。其间，十几个坐在椅子上的游戏参与者进行二次随机选座位，打乱第一次的座位。
- 观察的参与者回教室。按记忆中的位置帮其他参与者归位。

**适用说明**

- 每个人的记忆能力和观察能力都有不同，思维能力也有差异，因而在活动中不应过分强调完成度，社会工作者应引导参与者着重观察与记忆环节。

• 社会工作者要根据现场参与者的年龄特征、总体记忆力水平适当增减每轮参与者人数，从而调整游戏难易程度。

• 该游戏也可作为暖场类活动进行使用。

**社会工作者引导**

在游戏结束后，社会工作者主要通过参与者的表情动作的变化来引导参与者说出自己内心的变化。社会工作者可以询问："在游戏中，你能够迅速将每个人归位，能告诉我们你的技巧吗？""在游戏中，你是不是在最后有两个拿不准，最后为什么这样排序，说一说原因？""通过这个游戏，你觉得这个游戏除了需要良好的记忆力还需要什么其他的能力？"

**参与者说**

参与过程很刺激，在短时间内记住十几个人的位置对我来说有些困难，整个过程自己能够在紧张的气氛中很快投入游戏中，游戏过后我觉得自己对小组成员更熟悉了一些，也更想继续参与接下来的活动。

## 06 穿针引线

**专业目标** 通过该游戏能够提高参与者之间的默契度，增强团体合作的能力。

**适合人群** 无特定人群。

**适宜人数** 以6—20人为宜，当人数过多时，社会工作者要注意使用扩音设备。

**建议时间** 以5—15分钟为宜，可以根据现场效果，适当调整游戏时间。

**场地要求** 光线充足的场地。

**物资准备** 若干根细线和细孔针。

**游戏规则**

• 首先，社会工作者将全部的参与者分为两人一组，也可以视情况作变动。

●每组中一个组员各离一尺站在室内一边同一线上，每人手中有一根线。每组中另一个组员各离一尺站在室内另一边同一线上，手中各有一针。

●各人将左手放在背后。拿线一边的组员跑向同伴，尽快把线穿入针眼内，连针带线跑回原位，最先回到原位的一组得胜。

●一组完成后，可以两人交换针和线再进行游戏。

### 适用说明

●该游戏使用到针，有一定的危险性，在游戏过程中社会工作者需要随时提醒参与者注意安全。

●该游戏对参与者的视力要求较为严格，眼花的老年人、年龄较小的儿童都不太适用。

●游戏过程中，社会工作者要注意控制现场的秩序，游戏应该在一种安静的氛围下进行。

●游戏结束后，社会工作者应该注意引导参与者进行情感交流，分享游戏收获。

### 社会工作者引导

社会工作者在游戏结束后，可以问："在游戏的过程中，你们两个是最先完成的，可以说一下你现在的心情吗？跟大家分享一下你的经验。""游戏中你们两个似乎配合得不太好，是最后一组完成的，能说出你们的问题所在吗？""你觉得这个游戏对你们来说最困难的地方在哪儿？你们是怎样克服的？"社会工作者主要通过引导大家说出自己在游戏中是如何配合进行的以及游戏中的感受。

### 参与者说

游戏过程中我和搭档以最快速度完成了任务，我觉得是我们提前交流和相互鼓励的结果，我们先交流了谁平时在穿针这方面更有经验，在我穿针过程中她又不断鼓励我不要着急，帮助我专注其中，所以很快就成功了。我觉得其实游戏本身是否困难、任务完成得是否成功都不重要，重要的是在这个过程中两个人的沟通交流以及在游戏中两人共同克服困难、完成任务时情感连接的建立。

## 07 信任背摔

**专业目标** 为了锻炼小组的合作力以及信任力，提高小组成员相互之间的认识和信任并且学会换位思考。

**适合人群** 以青少年、青年人群为宜。

**适宜人数** 以8—10人一组为宜，当人数过少时，会出现一定的危险；当人数过多时，游戏效果可能不太明显。

**建议时间** 以5—10分钟为宜，可以根据现场效果，适当调整游戏时间。

**场地要求** 空旷平坦的室外。

**物资准备** 海绵垫（保护安全）。

**游戏规则**

- 小组中的每个人轮流上到背摔台上背向队友，双脚后跟1/3出台面，（社会工作者做出示范动作）身体重心上移尽量垂直水平倒下去，下面的队员安全地接住他即为完成。
- 背摔队员在背摔台上不要向后蹿跃，倒下时肘关节收紧不要打开，不要垂直向下跳，要控制自己的双脚不要上下摇动并打开，不要在倒下时回头看，不要突换动作以免给下面的队友带来伤害。
- 搭人床的队员中，第一组队员的肩膀距背摔台沿约30厘米的距离，个子可以不用很高，通常可以安排为女士；第二、三组应用力度最强的四个人，当然，如果背摔者的个子较高受力点应向后调整。每组队员的肩膀应紧密相连勿留空隙；人床形状应保持由低渐高的坡状，剩下的队员要用双掌推住最后一组队友的肩膀处，以保护人床的牢固，所有队员在任何时候都不可以撒手或撤退。
- 当听到背摔队员的询问“准备好了吗”时，头要向后仰同时侧向队友的背部，当队友倒下来后一定遵守“先放脚后将身体扶正”的拓展安全第一原则；另外，做保护的队员不要迅速撒手或鼓掌，以免发生其他意外。
- 二、三组队员在承接几名队员后要互相交换组位以免疲劳。

## 适用说明

● 该游戏适用于有一定信任基础的小组中期，在刚步入成熟阶段时，可进行这项游戏以加强小组成员间的信任，推动小组的发展。

● 在游戏开始前，小组内成员有身体不适情况应提前告知社会工作者，以避免游戏进行过程中出现问题以及危险。游戏过程中，社会工作者需要提醒组员保持高度警惕和专注以保证自己和组员的安全，并且适时进行鼓励，提高小组成员的信心。

● 该游戏的危险性较大，需要在社会工作者的引领和专业人员的陪伴下进行，以免出现受伤，在开始前游戏规则讲解环节，需做到详细、明确，注意事项也需反复强调，避免出现危险、发生意外。

● 游戏有一定的特殊性，社会工作者可以在游戏的开始和专业人员一起为参与者们起一个示范作用，现身举例，更好地讲述游戏的注意事项和规则。

## 社会工作者引导

在游戏结束后，社会工作者可以向站在背摔台的参与者询问："在游戏前，当你知道自己要从背摔台摔下时你害怕吗？你当时信任你的队友吗？""在过程中大家都为你加油打气，你的恐惧消失了吗？你是如何克服当时的恐惧的？""当你被大家稳稳地接住后，你当时的心情是什么样的？"社会工作者可以向周围接人的参与者询问："你在游戏之前，觉得能够成功吗？你当时是什么样的心情？""你认为这次团队在规定时间内完成挑战（没有完成挑战）的原因是什么？""通过这个游戏，对你自己有什么启发？"社会工作者可以注意从参与者在游戏前后的心情的变化以及内心的感受来引导参与者进行分享。

## 示例漫画

## 08 小雨、中雨、大雨、暴风雨

**专业目标** 通过游戏的方式锻炼参与者的反应能力，使参与者集中注意力，同时活跃现场的气氛，提高参与者参与的积极性。

**适合人群** 无特定人群。

**适宜人数** 以5—40人为宜，当人数过多时，社会工作者要注意使用扩音设备，同时要保证参与者的安全；当人数过少时，游戏效果可能不太明显。

**建议时间** 以20—30分钟为宜，可以根据现场效果，适当调整游戏时间。

**场地要求** 无特殊要求。

**物资准备** 轻快的音乐、扩音器。

**游戏规则**

• 首先参与者围坐在一起，社会工作者主持人现场给参与者讲一个故事，故事中有“小雨、中雨、大雨、暴风雨”，当听到以上词语时，请参与者用动作来配合。“小雨”的形容动作是用每只手的大拇指和中指有节奏地打响（双手一起打）；“中雨”的形容动作是双手用力鼓掌；“大雨”的形容动作是用双手拍打我们的双腿；“暴风雨”的形容动作是双手用力鼓掌同时双脚用力跺地。

• 雨过天晴时所有人可模仿森林中动物的叫声（比如布谷鸟叫、狼叫、猫叫等）。

**适用说明**

• 游戏过程中，社会工作者需要控制好现场的秩序，可以播放一些轻快的音乐来配合游戏中的故事内容。

• 游戏中社会工作者在读故事时，注意语速和声音的大小，可以在游戏中使用扩音器。

• 游戏活动之前，社会工作者可以先示范规则，游戏时，口令可以由易到难逐渐增加。

**社会工作者引导**

在游戏进行中，社会工作者观察参与者在游戏中的表情动作的变化，游戏结束后可以先来引导表情变化明显的参与者说出自己内心的变化。社会工作者可以询问："在游戏中，你的反应特别快，游戏过程中几乎没有出过错，能告诉我们你的技巧吗？""你觉得这个游戏除了考验反应能力还需要参与者具备哪些能力？""通过这个游戏，你有什么感受和收获？"

**故事参考**

有一天，一位老年参与者（举例××叔叔）想要再买一盒点心，就打电话给我们的工作人员："小王啊，明天早晨我想再买一盒点心给我女儿女婿，你明早7点左右上我家来吧，但明天可能有大雨，出门要记得带雨伞。"小王爽快地答应了。

第二天大清早，小王就带上雨伞出门了，刚开始天空阴沉沉的，不一会儿就刮起了风，并下起了小雨，小雨滴滴答答地下了一会儿，突然变成了中雨，这时小王感觉到了阵阵的寒意，同时感觉到前行困难，原来中雨已经变成了大雨，大雨越下越大，小王真想找个地方先避一下，可想到叔叔还在家等着，于是小王坚定了步伐，在大雨中勇敢说道："我从事的是一份健康事业，大雨再大我都不怕，就让暴风雨来得更猛烈些吧！"好像老天也被小王的坚强意志感动了一样，转眼间，暴风雨就停了，天空亮起了一道亮丽的彩虹，空气也变得格外的清新，森林中的动物们在森林中快乐地做着游戏。

## 09 不倒翁

**专业目标** 通过游戏的形式，让小组成员感受团队团结的力量，增强成员之间的信任，提高团队成员的自信心，同时增强团队凝聚力。

**适合人群** 无特定人群。

**适宜人数** 以10—20人为宜，当人数过多时，社会工作者要注意使用扩音设备，同时要保证参与者的安全；当人数过少时，游戏效果可能不太明显。

**建议时间** 以20—30分钟为宜，可以根据现场效果，适当调整游戏时间。

**场地要求** 空旷无障碍的场地。

**物资准备** 扩音器、海绵垫。

**游戏规则**

● 首先参与者将所有身上的硬物，包括眼镜、钥匙、手机等，统一放在指定地方。

● 10—20个参与者围成一个圆圈，指定其中一名参与者站在圆圈当中。站在圆圈中的参与者双手交叉抱肩，双脚并拢，腿部并紧，腰部挺直，头部低垂姿势直立。其他人紧挨着站立并呈半下蹲的姿势，掌心对着圈中的参与者，五指打开做承托准备。

● 圈中的参与者大声报出自己的名字，然后说“请大家为我加油。”所有参与者将手搭在这名参与者的肩膀或者背部，大家一起喊出他的名字，再喊“加油加油”，齐声喊“耶”结尾。

● 圈中的参与者闭上双眼，做双臂抱肩的姿势，大声询问“准备好了吗”，周围参与者回答：“我们准备好了。”得到回答后，圈中参与者大声报出“1、2、3”，“3”字出口的同时在保持双脚不动的情况下，身体向前直倒，前方参与者双手将其托住，两侧的参与者做好保护姿势防止漏接。前方参与者接住圈内参与者后，依次将圈内参与者向他身后的方向推去，由他后方的参与者承托。向左再向右以及顺时针与逆时针各旋转一圈再将他稳定到圆心位置站立。

**适用说明**

● 该游戏同样适用于团队建设以及在小组工作的中期，团队需要提高凝聚力等情况。

● 社会工作者在选择地面时，注意应该选择空旷平整，无明显尖锐障碍物的区域。

● 游戏前，社会工作者可以通过演示的方式向参与者展示游戏规则，注意参与者围圈时，应该紧密地站在一起，半蹲的高度以及双手的高度应一致。同时社会工作者需要做好保护措施，可以在地下垫垫子或者站在参与者圈外，以防失手。

• 社会工作者要提前告知大家这个项目是徒手团体项目，安全主要靠每个人的认真负责，请集中精神参与，同时在游戏过程中社会工作者需要不断提醒参与者注意安全。

• 游戏过程中如果出现参与者意外倒落在地，应立即暂停项目，请全体参与者反思刚才哪里不到位，应如何避免。探讨后，带领全体队员向倒落队员鞠躬致歉，然后继续进行。

## 社会工作者引导

在游戏结束后，社会工作者可以向扮演不倒翁的参与者询问："在游戏前，当你被选为扮演不倒翁你害怕吗？你当时信任你的队友吗？""在经过大家都为你加油打气，你的恐惧消失了吗？""你是如何克服当时的恐惧的？""当你被大家稳稳地接住后，你当时的心情是什么样的？"社会工作者可以向周围接人的参与者询问："你在游戏之前，觉得能够成功吗？你当时是什么样的心情？""当不倒翁向你倒下来时，你有没有尽全力接住他？""你认为这次团队在规定时间内完成挑战（没有完成挑战）的原因是什么？"社会工作者可以注意从参与者在游戏前后的心情的变化以及内心的感受来引导参与者进行分享，注意从参与者的细微变化加以引导。

## 参与者说

在游戏过程中，我分别体验了"不倒翁"和托举者两个角色，两种角色感受也各有不同，当我站在中心作为一个不倒翁时，双腿控制不住地发抖，嘴上倒数着数字，心里却在想："交给你们了哈，豁出去了！"要问我这其中有多少对队友的信任，我答不出来。只有当身体倾斜，被好多有力的臂膀结结实实接住的那一刻，才有了实实在在的信任感。在这之前我想的是希望我的队友们都值得信赖。角色换位，当我作为一个托举者时，我感受到了压力和责任，有点怕我们接不住他把他摔了，肩膀紧紧挨着旁边的队友，手臂和手臂抓得牢牢的，心里在想："一定要相信我们呀！"队友倒下来时感觉手臂被砸了一下，但心里的石头却放下了，那一刻感觉自己这一队超级厉害。不倒翁和托举者两个角色，一个是希望对方值得信赖，一个是希望对方信赖自己。当被对方接住或者接住对方时才能真正感受彼此的信任是相互的。感觉“不倒翁”是一个很好地促进团队团结、凝聚人心、增强自信的游戏。

# 第六节　团体建设类游戏

## 01 盲人三角

**专业目标** 有利于团队成员学习达成团队共识的方法，厘清个人目标、定位团队目标，增强团队凝聚力，提高团队的协作能力。

**适合人群** 以青少年、青年人群为宜。

**适宜人数** 以 9—12 人一组为宜，当人数过多时，可分组进行。当人数过少时，游戏效果可能不太明显。

**建议时间** 以 20 分钟为宜，可以根据现场效果，适当调整游戏时间。

**场地要求** 空旷平坦的场地。

**物资准备** 9—12 个眼罩、一条 15 米长的编织绳。

### 游戏规则

• 首先每个小组推选一个人当指挥者，其次发给其他小组成员每人一个眼罩，所有成员戴上眼罩后，由组织者（社会工作者）将绳索整捆任意放置于活动场地的任一位置。

• 在场外成员指挥下，小组成员推选一人根据指挥设法找到绳索，并将之带回，并在场外成员指挥下和参与成员一起将绳排列成一个直角三角形。

• 在此过程中，小组成员的手不可离开绳索，确定完成时，请全体小组成员蹲下（或将绳索平放在地上）。

### 适用说明

• 该游戏特别适用于处于小组中期的由年轻成员构成的团体。

• 当游戏过程中遇到难题时，社会工作者可进行适当性提示问题（例如，在共同任务中，是如何确定自己的方向的？三角形的方向如何确认？如何协调个人与团队目标），使团队成员的思路更为开阔。

- 该游戏的规则及要求较多并需要十分准确，因此，社会工作者在介绍规则时，说明需具体、清晰，需将摆放三角形的要求说明白。
- 游戏过程中注意提醒和保护参与者的安全。

**社会工作者引导**

游戏结束后，社会工作者需要引领参与成员进行反思及分享感受："当三角形被放下时，是否每个人都很明确地知道自己与团队的位置、方向？""在过程中是存有疑问，还是没有意见，以大家的看法为主？"进一步实现游戏的初衷。社会工作者也可向几个表现较为突出的团队成员进行询问："你为什么会选择在游戏中担当这类（领队或协商等）角色？你觉得这个游戏如果想要成功需要哪些因素？""你觉得在之后团队建设中，需要注意些什么？""通过这个游戏，你有没有对其他成员有了更进一步的了解？"社会工作者可从团队成员个人定位以及团队成员之间的交流和团队凝聚发展等方向引导。

**游戏贴士**

需结合团体的特性和现阶段的需要来适当调整游戏的难度，如，游戏不由场外成员指挥，参与的成员自行拼成等边三角形，三角顶端需朝向社会工作者方向。

## 02 同舟共济

**专业目标** 提高团队成员间的信任度，促进成员间的交流，增强彼此的了解，增强团队成员的团队意识并使每个团队成员获得归属感。

**适合人群** 以青少年、青年人群为宜。

**适宜人数** 以5—8人一组为宜。当人数过多时，可分组进行；当人数过少时，游戏效果可能不太明显。

**建议时间** 以 30 分钟为宜，可以根据现场效果，适当调整游戏时间。

**场地要求** 空旷平坦的室外。

**物资准备** 报纸若干、胶带若干。

**游戏规则**

● 团队成员进行“报数”分组，每组 5—8 人。

● 每组利用报纸和胶带制作一个可以容纳全体组员的封闭式大圆环，将圆环立起来全组成员站到圆环内边走边滚动大圆环，大圆环即为他们团队的“舟”（“舟”的宽度必须保证所有成员的脚在上面）。

● 全程进行计时比赛，从做“舟”至目的地，如果“舟”在中途破了，全组需要停下来将“舟”修好，再继续前进。如果小组成员在中途不小心触到地面，即“溺水”，需小组全体成员从头开始，在游戏过程中计时不断，最后“舟”必须保持完整。

**适用说明**

● 该游戏适用于团队建设的中期，有利于进一步提高团队成员间的信任度和团队意识。

● 该游戏的规则（例如，什么情况下从头开始，最终到达终点时“舟”需保持完整等规则）需做到仔细、准确地向团队成员们传达，游戏过程中现场秩序需要时刻维持，使游戏可以顺利、有序进行。

● 该游戏根据现场情况和参与成员的不同可设定为不同类型，在为了进一步提高成员默契度和团结意识时，可将游戏设定为比赛性质，看哪一组做的“舟”最牢固，哪一组的速度最快。

● 游戏过程中提醒参与者注意安全。

**社会工作者引导**

在游戏结束时，组织者（社会工作者）可提出适当问题（例如，在做“舟”时是怎样分工合作的？你在你们小组任务完成中作出了哪些贡献？“舟”在前进中，你们是怎么做的？为什么要那样做？）引领团队成员进行讨论和分享，让每名团体成员都表达自己的感受以进一步体现游戏目的。

**参与者说**

一个非常紧张刺激的游戏，我们小组虽然不是第一名，但在制作“舟”

以及舟在行进的过程中摸索到了技巧和方法。在制作“舟”的过程中，群策群力是非常必要的，1 个人可能有 1 种方法，10 个人就可能有 10 种办法，大家把所有的方法讨论、整合、择优，使我们的“舟”制作得非常牢固。行“舟”的过程必须要选出一个大嗓门、性子稳的舟长，喊口号带领大家协同起来。通过这个游戏，经过好多次尝试和努力后，最终全组一起到达终点的那一刻是非常令人兴奋的，整个小组的凝聚力以及成员们对这个小组的归属感也非常振奋人心。

## 03 占领阵地

**专业目标** 增强个人的自信心和团队的协作能力，增进团队成员间相互信任、团结合作精神，并进一步加强成员间沟通交流，培养乐于与人共事的态度，增强团队凝聚力。

**适合人群** 无特定人群。

**适宜人数** 以 4—6 人一组为宜，当人数过多时，可分组进行；当人数过少时，游戏效果可能不太明显。

**建议时间** 以 10—15 分钟为宜，可以根据现场效果，适当调整游戏时间。

**场地要求** 空旷平坦的场地。

**物资准备** 报纸（足够一组成员站立的面积）若干。

### 游戏规则

• 团队成员进行分组，4—6 人一组，先共同站在一张报纸上，每个人身体的任何部分都不得碰地，成功后再撕去一半报纸（或对折报纸）并使每个人都站在上面，接着再撕去一半（或对折报纸），直至小组中有人的身体（任何部位）碰到地面则游戏失败，最后以最佳办法站到最小报纸的小组胜利。

### 适用说明

• 该游戏适用于团队建设中期，对团队建设起到重要的作用，有利于团队成员之间加强合作，促进沟通和交流，提高团队凝聚力。

- 在游戏过程中，社会工作者需时刻关注团队成员的状态和行动，避免出现违规情况，并且在开始前需要提醒团队成员们安全事项，在过程中时刻提醒注意安全，避免摔倒和意外情况发生。
- 通过现场情况以及团队需要，可以适当调整游戏方式，可将比赛形式换作合力解决难题模式，减少团队成员参与时的负担和紧张情绪。

### 社会工作者引导

在游戏结束后，组织者（社会工作者）应做好引导，竞争类型的游戏，无论队伍最终成功还是失败，最重要的还是从游戏中学到了什么，胜利的队伍可以寻找做得好的方面，失败的队伍可以通过此次游戏寻找在团队建设中还需要加强的方面和出现的问题。社会工作者可向几个表现较为突出的团队成员进行询问："你为什么会选择在游戏中担当这类（领队或者协商等）角色？你觉得这个游戏如果想要成功需要哪些因素？""你觉得在之后团队建设中，需要注意些什么？""通过这个游戏，你有什么感受和收获？"社会工作者可从团队成员个人定位以及团队成员之间的交流和团队凝聚发展等作为方向引导。

**图片来源：青岛理工大学 2016 级社会工作专业学生　课堂技能训练**

## 04 人生如戏

**专业目标** 通过游戏培养团队成员的团队意识，增进团队成员间相互信任、团结合作的精神，并进一步加强成员间沟通交流，培养乐于与人相互共事的态度，增强团队凝聚力，同时调节现场的气氛，提高团队成员的积极性。

**适合人群** 无特定人群。

**适宜人数** 以10—40人为宜，当人数过多时，可分组进行，社会工作者要注意使用扩音设备；当人数过少时，游戏效果可能不太明显。

**建议时间** 以10—20分钟为宜，可以根据现场效果，适当调整游戏时间。

**场地要求** 室内或室外。

**物资准备** 白纸、笔若干。

**游戏规则**

• 将团队成员分为A和B两组（每组不超过10人）。

• 社会工作者给所有团队成员2—3分钟，让每组想出有5个连贯性动作的事件，让对方猜测。例如，一个人在抹窗、扫地，突然看见一只蟑螂而跳开，拿杀虫水喷射蟑螂，再扫走。共5个动作。

• B组先派一人（$B_1$）出来看A组表演，其余B组人员离场。

• $B_1$看完表演后便向单独出场的$B_2$表演，$B_2$再模仿，轮到$B_3$单独观看……以此类推。

• 到最后一名组员时，他不单要做出全套动作，并要同时连贯地讲出动作的意思。

**适用说明**

• 该游戏有利于团队成员之间加强合作，促进沟通和交流，提高团队凝聚力，同时也可以用于暖场以及团队破冰，调节现场气氛。

• 在游戏过程中，社会工作者需对现场秩序进行一定的控制，同时根据团队成员之间的参与度以及游戏目标达到度，适当调整游戏的时间，以此更好地实现游戏的初衷。

- 在游戏结束后，组织者（社会工作者）应做好引导，竞争类型的游戏，无论成功还是失败，最重要的还是从游戏中学到了什么，胜利的队伍可以寻找做得好的方面，失败的队伍可以通过此次游戏寻找在团队建设中还需要加强的方面和出现的问题。

### 社会工作者引导

社会工作者可向团队成员进行询问："你觉得这个游戏如果想要最后成功需要哪些因素?""你觉得这个游戏对于团队建设有什么启发和值得借鉴的地方?""游戏过程中你遇到了哪些困难，你是怎么克服的?"社会工作者可往团队成员之间的交流和团队凝聚发展等方向引导。

### 社会工作者日记

今天的游戏"人生如戏"由我们两个社会工作者共同负责带领。游戏开始我们将 20 个参与者分为了 A、B、C、D 共四组，其中 A 和 B 为对手组，C 和 D 为对手组。大家基本都是第一次玩这个游戏，对游戏目标和游戏细节的解释和演示显得尤为重要，正因如此我们事先在参与者中选了 4 名和我们俩共同向大家演示游戏的玩法以及需要注意的表演细节、可以运用的团队沟通合作的方法等，以帮助参与者们更好地投入游戏中。

游戏过程中我明显感受到 C 和 D 这一对手组的比赛更加精彩，我认为他们是在观察了 A 和 B 的表演后总结了经验在下面事先商量好了对策。从这一点来看，这个游戏更适合已经有一定关系基础、彼此已经有一定熟悉度的参与者来玩，才能更好地促进团队沟通与合作。

当然在今天游戏过程中有部分组员面对这个游戏也出现了能力限制（比如不会表演、记性差等），一次比赛下来，由于一个或者几个组员的失误而造成的失败是一个很好的机会，这个时候其他组员对待这一个或者几个组员的态度以及他们之间的沟通能够影响这个小组接下来的任务完成情况和团队凝聚力。这时，我们及时对小组加以引导以帮助小组形成更加和谐团结的良好关系。

游戏结束后，我们对参与者进行了引导和提问，带领大家一起分享在游戏过程中的感受以及游戏结束后对于团队合作和团队建设有什么感悟等。

## 05 数字接龙

**专业目标** 增强团队成员的群体意识，提高团队成员间的默契程度，加强团队之间的合作，让团队成员体会团队合作的重要性，并且对自己在团队中的定位有明确认识。

**适合人群** 无特定人群。

**适宜人数** 以15—20人为宜。当人数过多时，可分组进行，社会工作者要注意使用扩音设备；当人数过少时，游戏效果可能不太明显。

**建议时间** 以10—20分钟为宜，可以根据现场效果，适当调整游戏时间。

**场地要求** 无特定要求。

**物资准备** 无。

### 游戏规则

• 团队成员围成一圈（每两个成员间距离为一臂左右），从1数到n（n为团队人数×2），每个数只能有一个人说出，如果有人同时说出，则所有人回到原点，重新从1开始游戏。从1开始数，到n为止，需集体完成，过程中禁止由一个人自己完成。

### 适用说明

• 该游戏适用于团队建设的中前期，可根据团队的特性对游戏难度进行调整，增加限制条件（例如，每个人都必须开口说一个数字），进一步增强团队建设，体会团队合作的魅力。

• 游戏结束后，组织者（社会工作者）需及时引领团队成员分享感受。组织者（社会工作者）选择问题时，可分为不同的着重点。例如，针对成员个体时，可询问不同团体成员在游戏中担任了不同的角色，有的人担任领导者的角色，在游戏中较为主动，有的人自始至终极少参与游戏，这也表现了团队成员对于自己在团队中的定位的认识。

• 当游戏氛围较为热烈时，游戏效果较好，可使团队成员都积极参与其中，使每名团队成员都有参与感，使团队成员更好地加强默契度和凝聚力。

● 该游戏需要的是团队自身的调整和发挥，因此组织者（社会工作者）在过程中不应有太多引导，并监督参与者遵守游戏规则。

● 该游戏也可用于社交互动类，使团队成员间加强互动和了解互动的魅力。

社会工作者引导

社会工作者可向团队成员进行询问：“你觉得这个游戏如果想要最后成功需要哪些因素？你觉得这个游戏对于团队建设有什么启发？”以及对表现较为突出的几个成员询问：“你为什么会选择第一个喊出这个数字？你为什么选择声音较为洪亮地喊数字？”“通过这个游戏，你有什么感受和收获？”社会工作者可往团队成员个人定位以及团队成员之间的交流和团队凝聚发展等方向引导。

游戏贴士

**华盛顿合作规律**

一个人敷衍了事，两个人互相推诿，三个人则永无事成之日。多少有点类似于我们“三个和尚”的故事，一个和尚挑水吃，两个和尚抬水吃，三个和尚没水吃。

人与人的合作不是力气的简单相加，而要微妙和复杂得多。在人与人的合作中，假定每个人的能量都为1，那么10个人的能量可能比10大得多，也可能甚至比1还小。因为人的合作不是静止的，它更像方向各异的能量，互相推动时自然事半功倍，相互抵触时则一事无成。

华盛顿合作定律影响了群体关系，降低了组织效能。破解华盛顿合作定律，必须明确成员分工，落实成员责任，以降低旁观者效应；采用激励机制，实行目标管理，以避免社会惰化作用；注重素质结构，重视组织沟通，以减少组织内耗现象。

## 06 我们的故事

**专业目标** 增强团队内成员合作和交流的能力，增加成员间互动机会，促进团队合作精神，增强团队成员间的沟通及凝聚力。

**适合人群** 无特定人群。

**适宜人数** 以15—30人为宜，当人数过多时，可分组进行，社会工作者要注意使用扩音设备；当人数过少时，游戏效果可能不太明显。

**建议时间** 以20—30分钟为宜，可以根据现场效果，适当调整游戏时间。

**场地要求** 无特定要求。

**物资准备** 无。

### 游戏规则

- 先用“转瓶子”的方式选择第一个讲故事的人。
- 游戏开始后，组织者（社会工作者）给出本轮故事的开头、结局或说明限定条件。
- 团队成员们依据要求自由发挥依次讲出故事情节，共同完成一个完整而具有连贯性的故事。
- 在游戏过程中，组织者（社会工作者）需对故事的结局和限定条件进行适时提醒。

### 适用说明

- 该游戏适用于团队建设的中前期，有利于团队成员之间凝聚力和团队意识的增强，也可进一步提高成员想象力和创造力，以一起创造一个故事的形式，更生动形象地向团队成员展示团体合作的魅力。
- 当游戏氛围较为融洽、放松并充满趣味性时，团队成员们的投入度会提高，将问题抛给团队成员，他们都可以很好地解决，充分激发了大家的想象力并提高了合作精神。
- 该游戏除了提高团队合作以及感受团队合作的力量，还可以增强大家的想象力，因此，组织者（社会工作者）在开头和结尾的设定上应该增加开放性，不要限制团队成员们的想象力发挥。

- 根据不同人群和不同团队需求以及现场的氛围，可对游戏的难度进行调整和环节设计。例如，在青少年团体做游戏时，可在游戏中增加许多限定条件（指定话语或是关键词），让故事的完成中出现障碍和困难，也进一步地凸显游戏的目的。

**社会工作者引导**

社会工作者可向团队成员进行询问："你觉得这个游戏的形式对团队建设有什么可借鉴的方面？"以及"当团队一起创造出这个故事时，你有什么样的感受？""通过这个游戏，你有没有对其他成员有了更新的认识？"社会工作者可往团队成员之间的交流和团队凝聚发展等方向引导。

**游戏贴士**

**故事开头、结尾举例**

开头："小黑生活在这片古老大陆最北方的极寒森林里。她从小和父亲一起打猎。一天，她在跨越整个森林的大河边捕鱼时，不幸被突如其来的洪水卷入其中，她醒来时，微弱的灯光从小窗口射进来，周围是四面寂静的墙。……

结尾："小黑经过了层层'选拔'，最终……"

## 07 心有千千结

**专业目标** 让全体团队成员在解决问题的过程中体验协作的魅力，增进团队成员之间的感情，并且一定程度上有暖场的效果。

**适合人群** 无特定人群。

**适宜人数** 以20—30人为宜，当人数过多时，需注意团队成员们的安全，以及适当使用扩音设备；当人数过少时，游戏效果可能不太明显。

**建议时间** 以10—15分钟为宜，可以根据现场效果，适当调整游戏时间。

**场地要求** 空旷平坦的场地。

**物资准备** 无。

**游戏规则**

- 请参与者们手拉手，面向内组成一个圆环。
- 每个团队成员需熟悉两旁的参与者，记住他们。
- 所有团队成员都松开手，随意走动。
- 组织者（社会工作者）喊“停”，所有团队成员保持在原地，找到步骤二时和自己拉手的参与者，重新拉手，切记左右手不可混淆。
- 此时，所有团队成员的手臂会交错成网，让团队成员恢复到步骤二的圆环的情况，但是在恢复的时候每个人不可松手。

**适用说明**

- 该游戏适用于团体形成期，适合对凝聚力建设需求较大的团体，在游戏过程中体会到团队合作的力量并且一定程度上对自己在团队中有何能力（例如，解决问题能力较强、领导指挥能力突出）有一定的认识。
- 在游戏进行过程中要注意安全问题，避免过度碰撞以及摔倒情况的出现。
- 在游戏过程中组织者（社会工作者）需注意所有团队成员的规则遵守程度，例如，保证团队成员在游戏过程中不松手，并且在从全员松散状态重新结合时需注意左右手没有出现错误。
- 游戏结束时，组织者（社会工作者）需及时让团队成员们分享自己的感受，可找几个在解“结”过程中，能力凸显较明显的成员进行分享，通过分享和交流，可使全体团队成员对团队建设有更深的认识，进一步增强了团队凝聚力。
- 该游戏也同样适用于暖场类，使团队氛围更为熟悉和融洽、放松。

**社会工作者引导**

社会工作者可向团队成员进行询问：“你觉得这个游戏如果想要最后成功需要哪些因素？你觉得这个游戏对于团队建设有什么启发？”以及对表现较为突出的几个成员询问：“你为什么会选择在游戏中担当这类（领队或者

协商等）角色?”“从自己的视角看待问题和团队的角度看待问题会有什么不同?”社会工作者可往团队成员个人定位以及团队成员之间的交流和团队凝聚发展等方向引导。

图片来源：青岛理工大学 2015 级社会工作专业学生　课堂技能训练

## 08 众志成城

**专业目标** 培养团队成员间的团结精神，提高成员相互间的配合、包容，增加成员间的沟通，并且让团队成员认识到相互合作的重要性。

**适合人群** 以青少年、青年人群为宜。

**适宜人数** 以 10—40 人为宜，当人数过多时，可分组进行，社会工作者要注意使用扩音设备；当人数过少时，游戏效果可能不太明显。

**建议时间** 以 10—15 分钟为宜，可以根据现场效果，适当调整游戏时间。

**场地要求** 空旷平坦的场地。

**物资准备** 无。

**游戏规则**

- 团队成员自由结合，分为两人一组，首先让其中一组背对背地坐在地上，必须是屁股贴地坐下，然后，相互间挽着胳膊，一起站起来。

• 在第一组成功后再加入两个人，四个人背对背，大家手臂挽手臂，相互配合，从贴地坐到站立状态。以此循环，成功后再加入两人，最后看团队的成员是否都可以凭借相互帮助成功起身。

### 适用说明

• 该游戏适用于团队建设中前期，在团队初步认识过后，进一步加强团队意识、团队凝聚力和团结意识，提高团队交流，使团队成员领略团队合作的魅力。

• 在游戏进行过程中，组织者（社会工作者）需强调安全问题，在站立过程中出现的安全隐患（胳膊拉扯造成压力和容易摔倒等）需在游戏前进行详细说明，并且进行适当的现场气氛调整，提高团队成员们的情绪和热情。

• 在游戏的最后组织者（社会工作者）应引领团队成员进行适当的交流分享，并且对游戏目的进行强调，避免团队成员关注点放在最终站起的人数以及游戏是成功还是失败。

• 现场气氛如果非常热烈，在游戏结束后团队成员们的心情和情绪很高涨，可增加一个环节，全体在场人员一起来众志成城，更强地体会到游戏的魅力以及该游戏所带来的能量。

### 社会工作者引导

社会工作者可向团队成员进行询问：“你觉得这个游戏如果想要最后成功需要哪些因素？你觉得全体力量凝聚时，是否会有意料之外的惊喜发生？你觉得这个游戏对于团队建设有什么启发？”社会工作者可往团队成员之间的交流和团队凝聚发展等方向引导。

### 参与者说

社会工作者跟大家说完游戏规则后，大家都认为这是不可能完成的，两个人可以努努力、四个人可以使把劲儿，尝试到六个人的时候我们就有点想放弃了。社会工作者告诉我们他们曾经尝试过二十个人一起站起来并成功了，这激发了我们的好胜心，我想：既然别人可以做到，我们一起想办法也一定可以。经过好多次失败我们在时间截止前挑战了十个人并成功了，虽然没有达到二十人那么多，但我想如果时间充足，我们一定也可以。通过游戏，真的让我感受到团队力量带来的意外惊喜。其实不管是在生活、学习或是工作中，如果我们学会并习惯以团队的力量解决问题、完成任务，肯定是事半功倍的！

## 09 坐人椅

**专业目标** 促进团队成员间的相互交流、沟通，加强团队的协作能力，提高团队成员间的信任度。

**适合人群** 以青少年、青年人群为宜。

**适宜人数** 以10—40人为宜，当人数过多时，可分组进行，社会工作者要注意使用扩音设备；当人数过少时，游戏效果可能不太明显。

**建议时间** 以5—10分钟为宜，可以根据现场效果，适当调整游戏时间。

**场地要求** 空旷平坦的场地。

**物资准备** 无。

### 游戏规则

- 让所有团队成员围成一个圆圈，面朝逆时针（或顺时针）方向站立，人与人间的距离不要大于50厘米。
- 组织者（社会工作者）说开始以及规定方向。
- 组织者（社会工作者）规定大家逆时针（或顺时针）走动，将手搭在前面团队成员的肩膀上。
- 在某个时间点，组织者（社会工作者）大声喊“坐”，此时所有团队成员慢慢坐在他后面参与人员的大腿上（也可以顺势躺下），完成前后相连，每个人都是其他人的椅子，并且自己也坐在其他人椅子上，组织者（社会工作者）说“走”时，所有人起立，继续逆时针（或顺时针）行走，组织者（社会工作者）说“转”时，所有人向后转继续行走。

### 适用说明

- 该游戏适用于团队建设的中期，在团队间成员对彼此有一定的了解和信任时，此游戏可进一步加强团队间的信任，提高团队协作和团结能力。

- 该游戏有一些安全问题（间距的错误导致摔倒等），组织者（社会工作者）需在游戏前提醒团队成员注意安全，并在游戏过程中时刻关注，避免危险发生。

- 在游戏过程中，组织者（社会工作者）需给团队成员一定的提醒（例如，距离太远，最终无法顺利完成人椅等），给参与的团队一定时间进行商讨和协作，实现团队建设的目的，但是组织者（社会工作者）也需注意，在什么时候应该给予团队成员们提示和帮助。

- 该游戏是让团队全体成员共同参与，缺一不可，游戏结束需增加交流和分享，组织者（社会工作者）需向团队成员加深说明，游戏目的是为了让全体成员参与并且体会团队合作的魅力，成功与失败的过程都值得团队进行认识和学习。

**社会工作者引导**

社会工作者可向团队成员进行询问："你觉得这个游戏如果想要最后成功需要哪些因素？你觉得这个游戏对于团队建设有什么启发？""通过这个游戏，你有什么感受和收获？"社会工作者可在团队成员个人定位以及团队成员之间的交流和团队凝聚发展等方向引导。

**图片来源：青岛理工大学2015级社会工作专业学生　课堂技能训练**

## 10 蚂蚁搬山

专业目标 促进团队成员间的相互沟通，加强团队的协作能力，提高团队成员间的信任度和凝聚力，体会团队合作的魅力。

适合人群 以青少年、青年人群为宜。

适宜人数 以10—40人为宜，当人数过多时，可分组进行，社会工作者要注意使用扩音设备；当人数过少时，游戏效果可能不太明显。

建议时间 以20—30分钟为宜，可以根据现场效果，适当调整游戏时间。

场地要求 宽阔平坦的场地。

物资准备 垫子。

### 游戏规则

- 团队成员排成两路纵队站立，两路队员要保持肩并肩，彼此尽量靠近。
- 排头四人先出列，其中一人挺直身体，由三人抬起放至纵队排头的头上，由众人用手慢慢地将其传送到队尾垫子处，沿途仍有三人进行保护，确保其安全不跌落。
- 四人传送结束后，排于队尾，再由排头的四人进行，直到每人都轮流被大家运送过为止。

### 适用说明

- 该游戏适用于团队建设的中期，在团队间成员对彼此有一定的了解和信任时，此游戏可进一步加强团队间的信任和凝聚力，提高团队协作和团结能力。
- 该游戏存在一些安全问题（游戏过程中容易发生意外事故等），组织者（社会工作者）需在游戏前提醒团队成员注意安全，并在游戏过程中时刻关注，提醒团队成员保持高度警惕和专注以保证自己和成员的安全，并且适时进行鼓励，提高团队成员的信心。
- 该游戏需要一定的力气和力量，团队成员在游戏前或游戏进行过程中出现身体不适的情况，应向组织者（社会工作者）反映，确保自己和团队的安全。

- 游戏气氛较热烈，在团队成员互相鼓劲并充满能量时，游戏效果体现较好，可达到游戏初衷。

社会工作者引导

社会工作者可向团队成员进行询问："你是否在游戏过程中会感到害怕或是不安？是什么帮助你克服这种情绪的?""你觉得这个游戏如果想要最后成功需要哪些因素？你觉得这个游戏对于团队建设有什么启发?""通过这个游戏，你有什么感受和收获?"社会工作者可往团队成员之间的交流和团队凝聚发展等方向引导。

游戏贴士

**团队发展阶段**

布鲁斯·塔克曼（Bruce Tuckman）的团队发展阶段模型可以被用来辨识团队构建与发展的关键性因素，并对团队的历史发展给予解释。团队发展的五个阶段是：①组建期。项目小组启蒙阶段。②激荡期。形成各种观念，激烈竞争、碰撞的局面。③规范期。规则、价值、行为、方法，工具均已建立。④执行期。人际结构成为执行任务活动的工具，团队角色更为灵活和功能化，团队能量积聚于一体。⑤休整期。任务完成，团队解散。

## 11 织渔网

专业目标　促进团队成员间的相互交流，加强团队的协作能力，提高团队成员间的信任度和凝聚力，体会团队合作的魅力。

适合人群　以青少年、青年人群体为宜。

适宜人数　以10—40人为宜，当人数过多时，可分组进行，社会工作者要注意使用扩音设备；当人数过少时，游戏效果可能不太明显。

**建议时间** 以10—15分钟为宜，可以根据现场效果，适当调整游戏时间。

**场地要求** 宽敞平坦的室外。

**物资准备** 一团尼龙麻绳。

**游戏规则**

• 团队成员围成一个圆圈，将一团尼龙绳子抛来抛去，每次抛给下一个人之前，都必须在自己的手上绕一圈，并且大声叫出下一个人的名字，请他接住绳团。

• 当绳团在所有成员之间传递过一遍后，也就交织成了一张大渔网。

• 邀请一人躺在网中，四臂伸展，挺直腰板，全体成员把他拉起，开始摇动，其乐融融。

**适用说明**

• 该游戏适用于团队建设的中期，在团队间成员对彼此有一定的了解和信任时，此游戏可进一步加强团队间的信任和凝聚力，提高团队协作和团结能力。

• 该游戏存在一些安全问题（渔网编织的密实程度以及承担重量上限是多少等），组织者（社会工作者）需在游戏前提醒团队成员注意安全，并在游戏过程中时刻关注，提醒团队成员保持高度警惕和专注以保证自己和成员的安全，并且适时进行鼓励，提高团队成员的信心。

• 该游戏需要一定的力气和力量，团队成员在游戏前或游戏进行过程中出现身体不适的情况，应向组织者（社会工作者）反映，确保自己和团队的安全问题，编织渔网的成员需要保证自己身体状态良好。

**社会工作者引导**

该游戏是让团队全体成员共同参与，游戏结束需增加交流和分享，组织者（社会工作者）需向团队成员说明游戏目的是为了让全体成员参与并且体会团队的魅力，渔网最终摇人的成功与失败的过程都值得团队进行认识和学习。社会工作者可向团队成员进行询问："你觉得这个游戏如果想要最后成功需要哪些因素？你觉得这个游戏对于团队建设有什么启发？"以及对躺在网中的成员询问："你躺在网中的感觉是什么样（开心或是不安）的？为什么会出现这样的感觉？"社会工作者可从团队成员个人定位以及团队成员之间的交流和团队凝聚发展等作为方向引导。

为师者说

该游戏适用范围较广，是典型的组合游戏。将绳子抛来抛去，抛出时要叫出对方的名字，可用于小组初期组员相互认识。当绳子编织成网，由一名成员躺在上面其他人晃动，可以视为通过挑战游戏，锻炼组员勇气，增强团队合作能力。通过了挑战类游戏可增强成员信心，通过团队合作也可达到团队建设的目的。在活动中，为避免游戏枯竭现象，我们可以将社会工作游戏作为元素合理组合形成新的游戏，满足服务对象需要和专业目标实现。

## 12 钻螺丝

**专业目标** 通过游戏培养团队成员们的团队意识，并进一步促进成员间沟通交流，培养乐于与人共事的态度，增强团队凝聚力，同时调节现场的气氛。

**适合人群** 无特定人群。

**适宜人数** 以 10—40 人为宜，当人数过多时，社会工作者要注意使用扩音设备；当人数过少时，游戏效果可能不太明显。

**建议时间** 以 10—20 分钟为宜，可以根据现场效果，适当调整游戏时间。

**场地要求** 空旷的场地。

**物资准备** 无。

**游戏规则**

- 首先，团队成员们手拉手连成一个圆圈。
- 其次，游戏开始，其中一处松开，变成一串长丝，指定一端为丝头，另一端为丝尾。丝头不动，丝尾则带引其他人绕着丝头转，渐成一团，各人手不松，由丝头指挥移向左或右，或一齐坐在地上等。
- 最后，丝头带领其他人左穿右插，从各人的手或脚的空隙中钻出，从中感受一体的力量和乐趣。

适用说明

• 该游戏不仅适用于团队建设中期，在团队上升期也起到重要的作用，有利于团队成员之间加强合作，促进沟通和交流，提高团队凝聚力，同时也可以用于暖场破冰，调节现场气氛。

• 该游戏对人数要求较高，人数不能少于 10 人，并且尽量选择空旷的地方作为场地，以便达到游戏效果。

• 游戏结束后，社会工作者需注意引导团队成员们发表自己对游戏的感受以及对团队的进一步认识和新的想法。

社会工作者引导

社会工作者可向团队成员进行询问：“你觉得这个游戏如果想要最后成功需要哪些因素？你觉得这个游戏对于团队建设有什么启发？”“在当‘丝头’过程中，你有什么感受？”社会工作者可从团队成员之间的交流和团队凝聚发展等作为方向引导。

参与者说

在游戏中，我体验了团队融为一体的奇妙感觉，大家一起听从“丝头”的指挥，一起做出相同的动作，在过程中我把自己当作身体的一部分躯干，把丝头当作发号指令的大脑，一方面我要听指令行动，另一方面我又要配合其他躯干（其他人），渐渐地真的觉得自己和整个团队是一体的，感觉非常有趣。游戏的过程注重你自己的想象，有了带入感才能有所体悟。

## 13 电波流

**专业目标** 通过游戏培养团队成员们的团队意识，进一步促进成员间沟通交流，增强团队凝聚力，激励团队成员挑战自我、超越自我，同时可以调节现场的气氛。

**适合人群** 无特定人群。

**适宜人数** 以10—40人为宜，当人数过多时，社会工作者要注意使用扩音设备；当人数过少时，游戏效果可能不太明显。

**建议时间** 以10—15分钟为宜，可以根据现场效果，适当调整游戏时间。

**场地要求** 无特定要求。

**物资准备** 无。

**游戏规则**

- 组织者（社会工作者）让全体团队成员手拉手围成一圈。
- 由组织者（社会工作者）从全体成员中随意在圈中选出一个人，让他用自己的左手捏一下相邻同伴的右手，问第二个人是否感受到了队友传递过来的捏手信号，这里我们把它称为“电波”。告诉大家收到“电波”后要迅速把电波传递给下一个队友，也就是要快速地捏一下下一个队友的手，这样一直继续下去，直到“电波”返回起点。
- 组织者（社会工作者）用秒表记录“电波”跑一圈所需要的时间，并且告知全体团队成员自己正在记录，然后大喊“游戏开始”，并开始计时。
- 结束后，告诉团队“电波”传递一圈所用的时间，鼓励一下大家，然后让大家重新再做一次“电波”传递，希望这次传递能更快一些。
- 让团队成员们重复做几次电波传递，记录下每次传递所用的时间。

**适用说明**

- 该游戏适用于团队建设的前中期，让团队成员之间有一定的认识，并激励团队进一步成长和挑战，同时该游戏适用于暖场类。

- 游戏可随着现场气氛和团队的需要以及成员之间的关系适当地进行难度增减。例如，当团队成员都熟练起来后，变更“电波”的传递方向，使电波由原来的沿顺时针方向传递变为沿逆时针方向传递，以及“电波”沿着新方向被传递几次之后，再依次让队员们逆转“电波”的方向，同时让队员们闭上眼睛或是背向圆心站立。在游戏快要结束的时候，可进一步增加游戏的趣味性，悄悄告诉第一个人同时向两个方向传递“电波”，而且不要声张，看看这样会带来什么有趣的效果。
- 在游戏结束后，组织者（社会工作者）应及时组织团队成员进行交流和分享，从游戏中进行学习和认识。

### 社会工作者引导

社会工作者可向团队成员进行询问：“你在游戏过程中有何感受？你觉得这个游戏对于团队建设有什么启发？”“从开始做这个游戏到最后一轮做这个游戏，你感受到了什么变化？”社会工作者可从团队成员之间的交流和团队凝聚发展等作为方向引导。

### 社会工作者日记

电波流是一个有趣味又相对简单的团建游戏，今天的游戏由我自己带领参与者一起做。游戏开始前我将所有参与者分为两个16人的小组，一是避免因人数过多难以达到游戏效果，二是通过两个小组的竞赛性质激发参与者的积极性和增强团队的凝聚力。第一组的参与者在刚开始时缺乏彼此间的交流和讨论，所以即使尝试了几次在时长上都没能有很好的突破，在第三次尝试时一名组员提出大家可以根据前几次的尝试预感一下自己被捏的时间，在自己快要被捏到时就准备好去捏别人的手，大家根据这个方法又尝试了几次后终于有了新的突破。第二组的参与者看到了第一组的经验，及时地总结和讨论经验，在游戏时间上有了一次次突破。

令人印象深刻的是在我引导分享时一名参与者说：“玩了几轮后感觉大家形成了一个整体，默契十足！”一个团队要拧成一根绳与良好意愿以及良好沟通是分不开的。

## 14 凹凹凸凸

**专业目标** 通过游戏增进团队成员的互相合作能力，并且通过游戏了解自己和其他成员的长处及短处。

**适合人群** 无特定人群。

**适宜人数** 以10—40人为宜，当人数过多时，社会工作者要注意使用扩音设备；当人数过少时，游戏效果可能不太明显。

**建议时间** 以10—20分钟为宜，可以根据现场效果，适当调整游戏时间。

**场地要求** 无特殊要求。

**物资准备** 数套自制拼图，信封、纸、笔若干。

**游戏规则**

• 社会工作者在游戏之前，自制数套拼图。用海报或杂志图片，贴在硬卡纸上，然后剪成10—40块有凹凸形状的小块。将一套拼图打散，分别放在数个信封中，每个组员一个信封。

• 将每个小组分为4—8人，各分得一套装有拼图块的信封。在10分钟内，每组齐心将图拼出。

• 完成拼图后，请各组讨论以下题目：

A. 什么因素使你们拼得快而准？

B. 组员中谁最主动？谁最被动？

C. 谁只留意自己？有没有人留意别人手中的拼图，尽量配合别人所需，贡献己有？

D. 在整个过程中，你感觉如何？为什么？

• 社会工作者告诉参与者，其实每人都是拼图的一块，既有凹处，也有凸处，并请参与者想一想，自己有什么突出或不圆满之处。社会工作者给每人发一张纸，分两栏，各人在一栏写上自己的凹处（短处），在另一栏写上自己的凸处（长处），并在背面写下一项自己可以在这群体中，发挥

“凸处”的具体行动。

**适用说明**

● 游戏过程中，社会工作者在选取拼图时，应该选择清楚明晰的图案，同时注意图案主题的选择应该不一样，同时需要注意根据实际组员人数决定拼图的数量。

● 在游戏中，社会工作者要控制好现场的秩序，如果出现违反游戏规则的应该及时告知。

● 社会工作者同时需要进行积极的引导，引导团队成员仔细观察游戏过程中组员的反应并且引导团队成员说出自己的优点和缺点。

**社会工作者引导**

社会工作者可向团队成员进行询问：“你在这个游戏中有学到什么吗？你觉得这个游戏对于团队建设有什么启发？”以及向表现较为不同的团队成员询问：“你为什么会选择那样做？你觉得什么因素使得你们拼得最快（或最慢）？”“通过这个游戏，你有没有对自己和其他成员有一个更新、更清晰的认识？”社会工作者可从团队成员个人定位以及团队成员之间的交流和团队凝聚发展等作为方向引导。

**游戏贴士**

### 贝尔宾团队角色理论

剑桥产业培训研究部前主任贝尔宾博士和他的同事们经过多年在澳大利亚和英国的研究与实践，提出了著名的贝尔宾团队角色理论，即一支结构合理的团队应该由8种角色组成，后来修订为9种角色。贝尔宾团队角色理论是，高效的团队工作有赖于默契协作。团队成员必须清楚其他人所扮演的角色，了解如何相互弥补不足，发挥优势。成功的团队协作可以提高生产力，鼓舞士气，激励创新。

# 第七节　选人分组类游戏

## 01 报数选人

专业目标　活跃现场气氛，同时对于参与者进行分组，以便于进行下面的活动。

适合人群　无特定人群。

适宜人数　无限制。

建议时间　以2分钟左右为宜，具体游戏时间视现场人数以及分组要求而定。

场地要求　无特定要求。

物资准备　无。

### 游戏规则

● 所有参与者围成一圈，按后续游戏所需的分组情况进行报数（例如，若后续游戏需要分成三组，则要求参与者按“一、二、三、一、二、三，……”的顺序进行报数），在所有参与者报完数后，喊到相同数字的参与者成为一组。

### 适用说明

● 该游戏由于报数具有随机性，因而更适用于在随机分组的游戏前进行使用。

● 该游戏仅作为调节气氛、分好游戏组别的小游戏，因而时间不宜过长。

### 社会工作者引导

随机分组后，社会工作者可根据现场的气氛或通过观察参与者的表情，看到参与者是否有异议和不满，及时引导参与者说出自己的感受。“这样分组可以吗？你有什么别的建议吗？”

**为师者说**

报数分组是最简单易行的分组方式，运用广泛，无特殊条件。特别是当小组内出现某些小组成员间关系过于紧密，与其他小组成员互动减少，形成不利小组整体的团结和发展的气氛时，随机分组可以打破小组壁垒，形成新的小组格局。

## 02 你我的歌

**专业目标** 可以联络参与者之间的感情，活跃现场气氛，同时对参与者进行分组，以便于进行下面的活动。

**适合人群** 无特定人群。

**适宜人数** 无限制。

**建议时间** 10 分钟左右为宜。

**场地要求** 无特定要求。

**物资准备** 写有歌词的纸条（纸条数要多于参与人数）。

**游戏规则**

- 在纸条上写下大家熟悉的短歌的歌词。选 2—3 首，每一首歌分段写在多张纸条上。
- 参与者围成圆圈，社会工作者发给每人一张写着一句歌词的纸条。
- 社会工作者说开始，各人大声唱自己的歌，并寻找同一首歌的人。
- 必须一边唱一边找人，不可说出歌名。
- 社会工作者可突然叫“停”，最终结成的队伍即为最后的分组。

**适用说明**

- 社会工作者可调动参与者一边做动作一边唱歌，从而活跃现场气氛。

- 每首歌所写的纸条应当数目相等，具体数量视现场人数而定。
- 此游戏作为带有分组目的的暖场游戏尤其适用。

社会工作者引导

游戏结束后，社会工作者可以向参与者询问：“游戏中，你拿到歌词后就能马上唱出来，你平常对音乐感兴趣吗？能给大家表演一段吗？”社会工作者主要是调动参与者的积极性，让他们打破原有的紧张尴尬的局面。

参与者说

很好玩的分组游戏，我分到的是《小苹果》里的歌词，一边大声唱着一边仔细辨认谁和我唱的是同一首歌，我们8个组员很快相认并集结在了一起。我认为游戏的秘诀是就算你不会唱也要清楚大声地喊出歌词，总有一两个人是熟悉这首歌的，所以就算你不知道是什么歌，只要你大声读出来，你同组的人就能来找到你。

## 03 拼图分组

专业目标　可以联络参与者之间的感情，活跃现场气氛，同时对参与者进行分组，以便于进行下面的活动。

适合人群　无特定人群。

适宜人数　以10—40人为宜，当人数过多时，社会工作者要注意使用扩音设备。

建议时间　以10—20分钟为宜，可以根据现场效果，适当调整游戏时间。

场地要求　无特定要求。

物资准备　数套自制拼图、信封、纸、笔。

游戏规则

- 社会工作者在游戏之前，自制数套拼图。用海报或杂志图片，贴在硬卡纸上，然后根据实际的参与者人数将其剪成 5—10 块有凹凸形状的小块。将拼图打散，分别放在数个信封中，每个参与者一个信封。

• 游戏开始时，参与者拿着自己手中的拼图，找到与自己手中拼图为一幅画的拼图，并把它们拼凑在一起，过程中不能讲话，只允许肢体动作。

• 最后能够拼成一个图的参与者们为一个小组。

### 适用说明

• 游戏过程中社会工作者需要注意拼图的图案主题尽量选择不一样的，这样能够顺利拼出图案。

• 游戏过程中，社会工作者注意现场秩序的掌控，现场应该在安静的气氛中进行。

• 游戏中拼图的数量应该根据参与者的人数确定，现场每组的人数应该相同。

### 社会工作者引导

社会工作者可以根据参与者在游戏过程中的表现进行询问，“游戏过程中，你们这一组率先找到彼此完成了组队，能说一下你们的小诀窍吗？”“谁在你们组的组队过程中起到了关键作用，他是怎么做的？”“通过这个游戏，你有什么感受？”社会工作者注意要活跃现场气氛，引导参与者快速融入小组。

### 示例图片

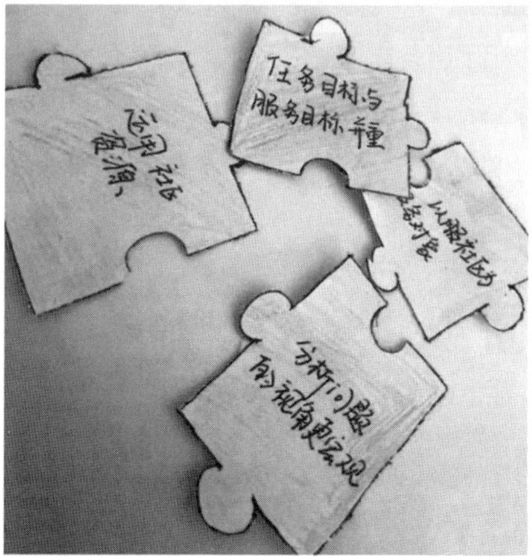

## 04 选糖分组

**专业目标** 活跃现场气氛，同时对参与者进行分组，以便于进行下面的活动。

**适合人群** 无特定人群。

**适宜人数** 无限制。

**建议时间** 以 2 分钟左右为宜，具体游戏时间视现场人数以及分组要求而定。

**场地要求** 无特定要求。

**物资准备** 各种口味的糖果若干。

**游戏规则**

● 准备一包各种口味的糖，糖的数量等同于人数，并和分组期望匹配（例如，若有 20 位参与者，需要分成 5 个小组，就准备 5 种口味的糖，每种口味各 4 颗）。

● 参与者从中选出一种自己喜欢的，从而对参与者进行分组。

**适用说明**

● 参与者选糖的时候，可以用托盘把糖送到参与者跟前，分别放置等量的糖，让他们任选其一。

● 为了提高效率，可以让几名社会工作者同时进行。要使这一过程更高效，还可以在托盘的每格中标明糖的口味。

**社会工作者引导**

社会工作者在让参与者选糖的过程中，可以加入一些语言的引导，如“看看谁和谁喜欢同样的口味，志趣相同”“寻找有缘人”等引发选糖人的好奇和期待。

**为师者说**

选糖游戏很简单，也很容易活跃现场气氛。但是操作过程中注意把控现场秩序，讲清楚规则，如只允许选择一块糖、不能换来换去等，避免参与者过于活跃，引发混乱或口角。

## 05 万能分组法

**专业目标** 社会工作者在对所有参与人员姓名都预先了解的情况下为参与者进行分组，以进行后续活动，尤其是那些需要进行分组的活动。

**适合人群** 无特定人群。

**适宜人数** 无限制。

**建议时间** 以 2 分钟左右为宜，具体游戏时间视现场人数以及分组要求而定。

**场地要求** 室内环境。

**物资准备** 所有参与者的姓名签或姓名牌、事先制作好的活页表格。

**游戏规则**

• 社会工作者提前确定活动参加人数，确定在活动过程中所需多少个不同的小组，以及每组需要多少人。

• 制作如附表 1 所示的活页表格（见后）。当需要参与者组成新的工作小组或小组讨论时，只需要请所有的红色（或黄色）组合到一起；下一次，则请所有的甲组合到一起，以此类推。

**适用说明**

• 该分组方法适用于不同分组活动，社会工作者只需要在活动前明确参与者姓名，并做好分组活页表格即可。

• 活动前期用这样的方法进行分组，利于调动参与者积极性，但也不利于打破陌生人之间的僵局。社会工作者需在分组后进行破冰暖场的游戏调动现场气氛。

**社会工作者引导**

社会工作者引导参与者按照不同标准分组，注意观察现场氛围和参与者的表情，根据情况询问参与者的感受："这样分组你有什么想法?""你加入了不同的小组给你的感觉有什么不同?"

游戏贴士

附表 1

| 姓名 | 编号 | 字母 | 等级 | 颜色 | 其他 |
|---|---|---|---|---|---|
| 吴一 | 1 | A | 甲 | 红 | |
| 刘二 | 2 | B | 乙 | 黄 | |
| 张三 | 3 | C | 丙 | 蓝 | |
| 李四 | 4 | D | 丁 | 红 | |
| 王五 | 5 | E | 甲 | 黄 | |
| 赵六 | 6 | A | 乙 | 蓝 | |
| 丁七 | 1 | B | 丙 | 红 | |
| 孙八 | 2 | C | 丁 | 黄 | |
| …… | …… | …… | …… | …… | |

## 06 击鼓传花

专业目标 集中参与者的注意力，同时选出完成后续任务的人选。

适合人群 无特定人群。

适宜人数 无限制。

建议时间 以 5—10 分钟为宜，可根据现场情况适当调整游戏时间。

场地要求 空旷的场地。

物资准备 可传递的花一个、鼓一个。

游戏规则

- 参与者围成圆圈坐下，其中一名社会工作者拿花（或一小物件）；另有一名社会工作者背着大家或蒙眼击鼓（桌子、黑板或其他能发出声音的物体），鼓响时众人开始依次传花，至鼓停为止。此时花在谁手中（或其座位前），谁就作为被选出的人选进行接下来的活动。

若偶然出现花在两人手中的情况，则两人可通过猜拳或其他方式决定。

### 适用说明

● 该游戏仅作为缓和气氛、选出人选的小游戏，因而时间不宜过长。同时当小组气氛散漫，注意力不集中时，也可以使用这个游戏提高大家注意力。

● 该游戏在现场出现冷场、没有参与者愿意主动参与接下来的活动时尤其适用，可用来调动现场气氛并选出接下来活动的人选。

### 社会工作者引导

社会工作者在活动中注意观察现场气氛和参与者的表情，根据情况询问参与者的感受，鼓励害羞的参与者积极参与其中，比如将游戏规则翻转，接到花的不参加下面游戏，没接到花的参加下面游戏，增加游戏趣味性，也改变参与者对于谁接到花谁受罚的思维习惯。

### 示例漫画

## 07 7的倍数

**专业目标** 集中参与者的注意力，留意别人的说话及反应，同时选出完成后续任务的人选。

**适合人群** 无特定人群。

**适宜人数** 无限制。

**建议时间** 以10分钟左右为宜，可根据现场情况，适当调整游戏时间。

**场地要求** 无特定要求。

**物资准备** 无。

### 游戏规则

- 全体参与者围成一个圆圈，由社会工作者沿顺时针开始报数。
- 当报数遇到带“7”的数字或者“7”的倍数时，参与者需要用拍手代替报数（只拍手不能说出数字）。
- 在此过程中，若有参与者出现错误，就作为被选出的人选进行接下来的活动。

### 适用说明

- 该游戏仅作为缓和气氛、选出人选的小游戏，因而时间不宜过长。
- 该游戏在现场出现冷场、没有参与者愿意主动参与接下来的活动时尤其适用，可用来调动现场气氛并选出接下来活动的人选。
- 年龄不适于过小、过大的人或者不能快速算数的人。

### 社会工作者引导

社会工作者在游戏后可以引导参与者说出自己的感受：“报数时的心情紧张吗?”“有没有担心报错了数?”游戏过程中，社会工作者可以强调只是为了选人，不是为了比较快慢。

**为师者说**

该游戏考查反应能力，有些参与者会担心答错，出现紧张情绪，因而社会工作者在使用此类游戏时也要考虑到参与者的情况来定，如果是信心不足的参与者或偏内向的参与者，会对他们形成一定压力，改变现场的气氛。

## 08 青蛙跳水

**专业目标** 集中参与者的注意力，留意别人的说话及反应，同时选出完成后续任务的人选。

**适合人群** 无特定人群。

**适宜人数** 无限制。

**建议时间** 以10分钟左右为宜，可根据现场情况，适当调整游戏时间。

**场地要求** 无特定要求。

**物资准备** 无。

**游戏规则**

• 参与者围圈坐，社会工作者开始说“一只青蛙”，第二人说“一张嘴”，第三人说“两只眼睛”，第四人说“四条腿”，第五人说“扑通一声!”第六人说“跳下水”。

• 接下来的参与者便要依次说“两只青蛙”“两张嘴”“四只眼睛”“八条腿”“扑通！扑通!”“跳下水”。

• 接不下去或接错的成员就作为被选出的人选进行接下来的活动。

**适用说明**

• 该游戏仅作为缓和气氛、选出人选的小游戏，因而时间不宜过长。

• 该游戏在现场出现冷场、没有参与者愿意主动参与接下来的活动时尤其适用，可用来活跃现场气氛并选出接下来活动的人选。

• 该游戏考查参与者的反应能力，对于年龄过小或者过大的人，或者算数能力不强的人不适用。

**社会工作者引导**

游戏后，社会工作者可以通过对参与者的观察，引导参与者说出感受："你们感觉游戏难不难?"或"你们感觉游戏好不好玩?"通过简单的游戏分享，释放游戏产生的压力，营造现场的愉悦氛围。

**游戏贴士**

一只青蛙，一张嘴，两只眼睛，四条腿
两只青蛙，两张嘴，四只眼睛，八条腿
三只青蛙，三张嘴，六只眼睛，十二条腿
四只青蛙，四张嘴，八只眼睛，十六条腿
五只青蛙，五张嘴，十只眼睛，二十条腿
六只青蛙，六张嘴，十二只眼睛，二十四条腿
七只青蛙，七张嘴，十四只眼睛，二十八条腿
八只青蛙，八张嘴，十六只眼睛，三十二条腿
九只青蛙，九张嘴，十八只眼睛，三十六条腿
十只青蛙，十张嘴，二十只眼睛，四十条腿

## 09 找名字

**专业目标** 考验参与者的眼力与合作精神，同时选拔出人选进行下一个活动。

**适合人群** 10—60 岁人群，考虑到 10 岁以下孩子的识字水平以及 60 岁以上老人的视力水平，不宜进行该游戏。

**适宜人数** 10—30 人为宜，若人数过少，可能游戏难度过低，效果较差；若人数过多，可能现场秩序混乱，选人难度过大。

**建议时间** 以 5 分钟左右为宜，可根据现场情况，适当调整游戏时间。

**场地要求** 无特定要求。

**物资准备** 旧报纸两份、胶水两瓶、白纸两张。

**游戏规则**

- 全体参与者一分为二。
- 每组各发报纸一份及胶水一瓶。
- 听到社会工作者的信号，就开始在报纸上寻找与组内所有成员姓名相同的文字，撕下，贴在纸上。限时 3 分钟。
- 根据现场实际情况决定第一个被粘出名字的参与者或最后一个被粘出名字的参与者作为选出的人选。

**适用说明**

- 旧报纸的选择上尽量使用民生或新闻方面的报纸，避免使用专业性过强的报纸。
- 游戏过程中社会工作者要提醒参与者注意胶水的使用，避免胶水沾到手上或衣服上。

**社会工作者引导**

社会工作者在游戏过程中注意观察现场氛围和参与者的表情，根据情况询问参与者的感受：“这个游戏你感觉如何？”“你们找出几个人的名字，你们的心情如何？”

**为师者说**

这个游戏既是选人游戏，也是帮助群内成员熟悉对方，熟记他人名字的游戏。同时小组间竞争的气氛，也会调动参与者的积极性，营造紧张有趣的现场氛围。但游戏过程中，当人数过多时，社会工作者要注意会出现被冷落，不能参与其中的人。

## 10 抛球

**专业目标** 考验参与者的反应速度，营造出融洽的氛围，同时选出完成后续任务的人选。

**适合人群** 无特定人群。

**适宜人数** 无限制。

**建议时间** 以5分钟左右为宜，可根据现场情况，适当调整游戏时间。

**场地要求** 无特定要求。

**物资准备** 皮球或任何不易伤人的圆形物体一个。

### 游戏规则

- 参与者围圈站立，社会工作者持一皮球或圆形物体立于中央。
- 顺时针方向报数，每人一个数字。
- 游戏开始时，社会工作者将球向上抛，并叫出一个号数，被叫到号数的人若及时接住球，并喊出另一个号数继续抛球，若球落地则作为被选出的人选进行接下来的活动。

### 适用说明

- 在游戏过程中社会工作者要注意提醒参与者注意安全，防止被球砸伤。
- 该游戏仅作为缓和气氛、选出人选的小游戏，因而时间不宜过长。
- 该游戏在现场出现冷场、没有参与者愿意主动参与接下来的活动时尤其适用，可用来调动现场气氛并选出接下来活动的人选。

### 社会工作者引导

社会工作者在游戏过程中注意观察现场氛围和参与者的表情，根据情况询问参与者的感受：“这个游戏你感觉如何?”“游戏后能记得他人的号数了吗?”

### 示例漫画

# 第八节　放松解压类游戏

## 01 空椅子

**专业目标** 抒发人们内心不易说出口的感情，缓解人们日常生活中出现的紧绷感、焦虑感、感伤等情绪，达到解压的效果。

**适合人群** 无特定人群。

**适宜人数** 以每次 1 人为宜。

**建议时间** 以 15—30 分钟 1 人为宜，当时间过短时，将不利于参与者的情绪释放；当时间过长时，易出现参与者无法很好地从游戏中回归现实生活的问题。

**场地要求** 安静舒适的室内。

**物资准备** 两把椅子、桌子、纸巾、饮用水、水杯。

**游戏规则**

- 由社会工作者将需要倾诉的参与者带入空椅子房间。社会工作者站在门外，让参与者可以自由对话以及倾诉。
- 参与者进入房间后，坐在一张椅子上，想象对面是自己想要进行对话的对象，将自己想要说的话说出来，进行情绪的释放，纾解内心复杂的情绪。
- 也可以让参与者坐在对面的椅子上，把自己想象成对方，给自己应答，从而达到自我交流和整合。

**适用说明**

- 在空椅子过程中，可能会使参与者的情感大爆发，因此在选择空椅子房间时，应选择隔音效果较强的，使参与者有安全感。

• 参与者参与前，社会工作者需注意参与者的心态和情绪调整能力以及内心承受能力，并向参与者说明这个游戏会带来的后果（情绪起伏过大等），避免出现参与者无法接受的结果，使参与者的情绪和心态向糟糕的方向发展；游戏进行时，如果时间过长，社会工作者应多关注室内情况，避免出现特殊情况（参与者因过于激动身体出现不适等）；游戏结束后，社会工作者需关注参与者的状态（参与者是否平复其情绪等）。

• 该游戏需要一个单独的空间，对场地要求较高，如果场地设置过于简陋，便无法很好地实现设置空椅子游戏的初衷，因此在活动中，对外在因素需要给予重视，场地环境以及物资的准备需要多加留心。

社会工作者引导

社会工作者可向参与者询问："你的心情或情绪是否已经从游戏氛围中出来了？是否平复下来了？""你有没有将自己想说的话说出来？抒发自己的情绪？"社会工作者在与引导参与者进行分享时，应将参与者有没有很好地抒发了自己的情绪作为最终方向。

游戏贴士

## 空椅子技术

空椅子技术是完形治疗法种种著名而有影响的技术中，最为简便易行而适于心理辅导的。空椅子技术的本质就是一种角色扮演。通过这种方法，可使内射表面化，使来访者充分地体验冲突，而由于来访者在角色扮演中能接纳和整合内心的"胜利者"与"失败者"，因此冲突可得到解决。还可以帮助来访者去了解此种情感是他们真正自我的一部分。通过自我内心两个分裂部分的对话，使人们内在的对立与冲突获得较高层次的整合，即学习去接纳这种对立的存在并使之并存，而不是要去消除一个人的某些人格特质。

## 02 音乐的力量

**专业目标** 缓解人们焦躁的情绪，达到全身心放松，释放压力。

**适合人群** 无特定人群。

**适宜人数** 无限制。

**建议时间** 以2—3分钟为宜，当时间过长时，易使参与者意识反应较慢，容易出现过度放松情况，陷入睡眠状态。

**场地要求** 安静的室内。

**物资准备** 放松的音乐、音响。

### 游戏规则

• 由社会工作者引导参与者保持一个轻松的姿势，让参与者闭上眼睛，调整好呼吸，之后社会工作者播放舒缓的音乐，念出引导词，引导参与者舒缓肢体和放松情绪。

### 适用说明

• 在小组工作、家庭社会工作中，当小组成员或家庭成员出现矛盾、僵持不下的情况，社会工作者可以在合适的时机用音乐疗法帮助缓解服务对象焦虑的心情，缓解紧张的气氛；在个案工作中，当服务对象出现情绪紧张、激动的情况使服务无法正常推进时，也可以用音乐疗法平复他的心情。

• 该游戏在人群选择方面没有要求，适用于各年龄阶段和各社会阶层的人群，但对于不同人群有不同的效果，面对儿童群体，这种方法更适用于稳定儿童们好奇以及好动的特征；面对压力较大的青年人群，该方法对于解压、舒缓情绪等方面起到很大的作用；面对老年人群，更适用于让老年人做一个放松。

• 社会工作者需根据现场气氛对时间进行改变和把握，但最多不要超过3分钟，因为时间过长容易引起参与者们过度放松，使参与者变得懒洋洋，无法更好地达到该游戏的初衷。

●社会工作者在音乐中，可以根据现场参与者们的特征和现场氛围进行不同的引导，在面对儿童群体时，可通过一段话语和故事让参与者进行联想；面对青年人群时，可只是使用简单的引导词，不作过多的解释，只单纯靠音乐的力量。

●该游戏在音乐的选择上要求较高，尽量选择轻音乐，音乐达到的效果仅是舒缓和放松，不要用音乐引导参与者的想法和思维，歌词易对参与者出现一定的干扰。

**社会工作者引导**

社会工作者可向其中几个参与者询问：“音乐带给了你什么样的感觉?”“你的情绪等有没有因为音乐而有一定的改变？整个人的状态是否有所调整?是比较放松吗?”社会工作者在与引导参与者进行分享时，应将参与者有没有很好地抒发了自己的情绪以及自己在游戏中有何感受作为最终方向。

**游戏贴士**

### 引导词示例

引导参与者先做几次腹式呼吸。请你闭上眼睛，现在跟着我的声音，来到一片沙滩上。你懒洋洋地躺在沙滩上，沙子细细软软，被阳光晒得暖暖的，你轻轻抚摸沙子，传来一阵温暖。阳光照在脸上、脖子上以及全身的各个部位，暖意顺着你的头一直流入你的胳膊、手指，你的脊椎、大腿、小腿以及脚趾。你舒服极了，看着眼前一望无际的大海，湛蓝的颜色和蔚蓝天空只有一线之隔，远方还有一艘船在航行。海浪声清脆欢快，伴随微风吹来一阵阵海水的味道。海边两个玩耍的孩子，穿着黄色和蓝色的泳衣，一个人手拿彩虹色泳圈，一个人手里提着水桶和沙铲，嬉笑着向远方跑去。现在你感觉到更加的放松了，全力地呼吸着大自然清新的空气，享受这种暖洋洋的午后。你朝着沙滩另一侧看去，发生的事情让你很开心（暂停半分钟观察参与者的表情动作）。好，现在朋友过来拉你的手，叫你去喝冷饮，你一起身就醒了。

## 03 数颜色法

**专业目标** 通过数颜色的过程帮助人们由感性思维转变为理性思维，迅速平复情绪。该游戏可以集中人们的注意力，缓解人们焦躁的情绪，减少矛盾和冲突。

**适合人群** 无特定人群（不适用于色盲症人群）。

**适宜人数** 无特定要求。

**建议时间** 以30秒左右为宜。

**场地要求** 拥有多种色彩的场地。

**物资准备** 如果场地不具备多种色彩，可以选择在游戏前放置拥有多种色彩的不同物件。

### 游戏规则

• 参与者在最短的时间内说出这个空间内不同静态物体所具有的不同颜色。如，椅子，黄色；杯子，白色；黑板，黑色；墙面，米色；门，绿色……

• 如果空间内不同颜色的物体太少不足以达到游戏效果，那么也可以加入对动态物（包括人）的颜色描述。如，主持人的上衣，红色；主持人的裤子，黑色；主持人的发卡，黄色……

• 要想增加游戏难度，也可以把物体的数量和颜色结合在一起数。但应注意此游戏是为了通过数颜色的过程转换参与者的思维，使其进入理性思维模式，游戏设计要与游戏目的相匹配。

### 适用说明

• 该游戏在人群选择方面要避免对颜色辨识薄弱的色盲症等人群，也不适用于有认知障碍、思维迟钝或者有老花眼的人群。

• 该游戏是为了通过数颜色的过程转换参与者的思维，使其进入理性思维模式。在参与人数较多时应避免参与者之间出现竞争、比赛的现象。

• 该游戏在社会工作中属于一种辅助性的技巧，适用于个案工作、小组工作、社区工作等较广的领域。当服务对象出现思维涣散、注意力不集中时，可以用来吸引、集中其注意力；当服务对象思维混乱、情绪激动时，可以用来引导参与者平复情绪、进入理性思维模式。

社会工作者引导

社会工作者可向参与者询问："通过这个游戏带给了你什么样的感觉?""你的情绪等有没有一定的改变？整个人的状态是否有所调整?""你认为我们可以继续刚才的任务吗（如果由于服务对象出现情绪、思维问题使工作中断，通过游戏调整后工作者可以这样问）?"社会工作者在与引导参与者进行分享时，应将参与者有没有很好地调整自己的情绪、思维作为最终方向。

参与者说

通过刚才的游戏，我好像很快转移了注意力，心情平和了许多，没有那么烦躁和激动了，我觉得我现在可以继续刚才的任务了。

## 04 日记的魅力

专业目标　使人们抒发情绪、放松心情、调整心态，加强人与人之间的联系和沟通。

适合人群　无特定人群。

适宜人数　以10—20人为宜，当人数过多时，易出现现场参与者的参与度不均衡现象。

建议时间　以20—30分钟为宜。

场地要求　安静的室内。

物资准备　彩纸、笔若干。

游戏规则

- 社会工作者将各种颜色的纸发给参与者，让参与者根据自己最近的情绪选择适合自己心情的颜色，然后在纸上写自己选择这种颜色纸的原因，之后将纸条放进一个盒子里，由其他参与者抽出，并将纸上的内容念出来。生活中总有各种各样的情绪，将情绪写在纸上，让别的参与者念出来的同时相当于向别的参与者倾诉。

### 适用说明

● 该游戏在人群选择方面没有要求，适用于各年龄阶段和各社会阶层的人群，但对于不同人群有不同的效果，面对儿童群体，这种方法更适用于儿童们讲述能力的提高并且学会将自己的想法告知别人；面对压力较大的青年人群，该方法对于解压、舒缓情绪等方面起到很大的作用；面对老年人群，更适用于对岁月的追忆以及更好地舒缓情绪和交流。

● 该游戏较为安静，氛围和现场情况存在很多不确定性，社会工作者需要做好引领和控场，当面对现场氛围较为凝滞时，可通过一些运动型游戏对现场氛围进行一定的调控；在现场氛围过于热络，无法维持秩序时，可通过音乐以及凝神游戏进行控场。

● 在倾诉内容选择方面，社会工作者需要明确对参与者说明，不能写整蛊内容以及不恰当言论等。

● 该游戏可能会涉及隐私方面等问题，在开始前，社会工作者需明确说明规则和游戏中可能出现的隐私问题，需要争取参与者的同意以及询问参与者的想法，尊重参与者的想法和意见。

### 社会工作者引导

社会工作者可向其中几个参与者询问："你有感觉到糟糕情绪在减少吗？""你觉得倾诉带给了你什么样的启发？在之后你会如何面对生活中出现的各种情绪？"社会工作者在引导参与者进行分享时，应将参与者有没有很好地抒发了自己的情绪以及自己在游戏中有何感受和对未来的想法作为最终方向。

### 推荐书目

1. [意] 乔瓦尼·弗契多. 情绪是什么 [M]. 杭州：浙江人民出版社，2018.

2. [美] 安东尼奥·达马西奥. 笛卡尔的错误 [M]. 北京：北京联合出版公司，2018.

## 05 波涛汹涌

**专业目标** 让内心的烦闷或者其他负面情绪释放出去，使参与者放松心情，释放压力。

**适合人群** 以青少年、青年人群为宜。

**适宜人数** 以10—40人为宜，当人数过多时，社会工作者要注意使用扩音设备；当人数过少时，游戏效果可能不太明显。

**建议时间** 以10—15分钟为宜，可根据现场情况，适当调整游戏时间。

**场地要求** 空旷平坦的室内。

**物资准备** 气球、笔若干。

### 游戏规则

- 社会工作者分发给参与者每人一个气球和一支笔。
- 参与者需将气球吹起来，然后在气球上写上自己想要释放的压力或是情绪。
- 参与者全部写完后，社会工作者说“如果你心中有气，顶在胸口会好辛苦，我们为别人赶走这口气好吗”，之后参与者们每人都抛高自己的气球，并尽量使气球停留在空中。
- 参与者在使气球留在空中的过程中，需拍打别人的气球并将其踩破。
- 当所有气球都被踩破之后，社会工作者总结：“好啦，大家都将心中压抑的那口气释放出来了！”

### 适用说明

- 该游戏更适用于青少年及青年人群体，游戏的活动量较大并且需要力量之间的碰撞，因此如果老年人和儿童参加，可能会出现安全隐患。通过相互帮助并带有竞争感的游戏形式，可使青少年及青年人群体更好地释放压力，并且一定程度上提高了参与者之间的交流，拉近了距离。

• 社会工作者在游戏开始和最后，应该针对游戏设计初衷，进行引导词引领和收尾，除了帮别人出气这种说法，还有将自己的气赶走等，社会工作者在游戏过程中需要及时引导并且时刻强调安全问题，避免参与者在游戏过程中出现摩擦、碰撞，导致受伤。

• 当现场气氛较为热烈并听到许多气球的爆裂声和参与者们的欢笑声时，游戏效果基本达到预期目标，实现了设计游戏的初衷。

• 根据现场气氛和参与者的状态，也可将自己的气球吹高，停留在空中多久就是被这类情绪或压力困了多久，最后社会工作者引领，参与者们可蹦起抓住气球，踩爆。这种方法更适用于被负面情绪压抑太久的人群，对他们来说释放压力和情绪的效果会更好。

**社会工作者引导**

社会工作者可向其中几个表现较为明显（例如，强力拍打气球等行为）的参与者询问：“你是否有放松以及负面情绪远离的感觉?”“这种游戏带给了你什么样的感受?”社会工作者在引导参与者进行分享时，应将参与者有没有很好地抒发了自己的情绪以及自己在游戏中有何感受和未来应该如何去做作为最终方向。

图片来源：青岛理工大学2016级社会工作专业学生　课堂技能训练

## 06 同心园地

**专业目标** 社会工作者协助参与者了解自己的烦恼及解决方法，集思广益，参与者彼此思考来解决问题，分享或交换经验，以此来应对压力，帮助参与者释放压力。

**适合人群** 无特定人群。

**适宜人数** 以8—12人一组为宜，当一组人数过多时，游戏效果体现不明显，并且无法很好地帮助参与者解决问题，释放压力。

**建议时间** 以20—30分钟为宜，可根据现场情况，适当调整游戏时间。

**场地要求** 安静舒适的室内。

**物资准备** 一张大海报，每人4张小纸条，笔若干。

### 游戏规则

• 在游戏开始前，选出一名记录员，社会工作者会给每个参与者发4张小纸条，让参与者写下自己目前生活中的烦恼。

• 将烦恼分类图展开平铺在团体中央，参与者以不记名方式写纸条，写完后将纸条团成团按照烦恼分类图上的分类将烦恼纸条投到自己认为的区域。

• 社会工作者按照分类依次收集烦恼并和参与者讨论每张烦恼纸条上的烦恼是否属于该分类，如果不是则把其投放到正确的类别区域。

• 以上步骤完成后，社会工作者和参与者选出几个共同的烦恼，用脑力激荡法找出解决策略完成问题解答。

• 分享完本活动的感受后，社会工作者组织参与者讨论今后应如何面对生活中出现的烦恼和压力。

### 适用说明

• 该游戏在人群选择方面没有要求，适用于各年龄阶段和各社会阶层的人群，但对于不同人群有不同的效果，面对压力较大的青年人群，该方法对于解压、舒缓情绪等方面起到很大的作用，并且对未来生活如何处理类似情况有认识和了解；面对老年人群，更适用于帮助他们去解决烦恼和负面情绪。

• 针对不同人群，烦恼分类图的类别也应该有所不同，本篇附上青少年烦恼分类图仅供参考。

• 该游戏较为安静，气氛和现场情况存在很多不确定性，社会工作者需要做好引领和控场，当面对现场氛围较为凝滞，参与者们无法解答情绪解决方法时，可提供一系列的帮助；在现场氛围过于热络，无法维持秩序时，可通过音乐以及凝神游戏进行控场。

• 在游戏的最后，社会工作者需对今天的游戏最后作一总结。例如，负面情绪和压力有哪些，应该用什么合适的方法去解决这些负面情绪，提供一系列专业技巧和方法，帮助参与者们更好地了解和认识。

• 该游戏可能会涉及隐私方面等问题，在开始前，社会工作者需明确地说明规则和游戏中可能出现的隐私问题，需要争取参与者的同意以及询问参与者的想法，尊重参与者的想法和意见。

社会工作者引导

社会工作者可向其中几个参与者询问："你的烦恼有没有得到一些解决的方法?""你对于烦恼的认识有没有改变?""你觉得在之后自己面对烦恼时，你会选择什么样的解决方法?"社会工作者在引导参与者进行分享时，应将参与者有没有很好地抒发了自己的情绪以及自己在游戏中有何感受和未来应该如何去做作为最终方向。

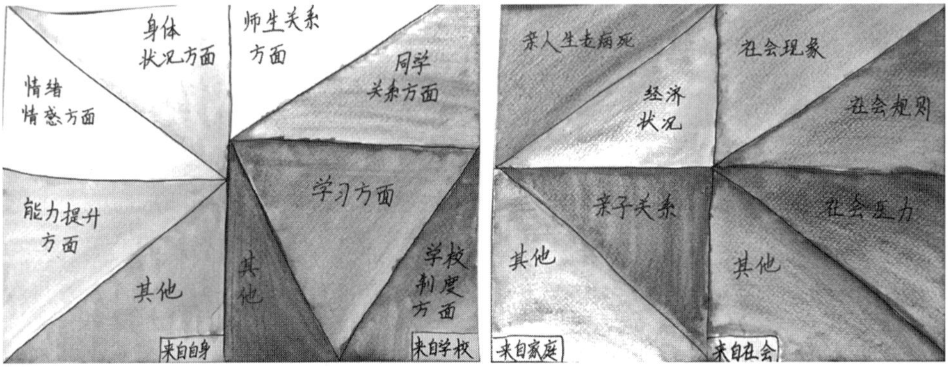


烦恼分类图（仅供参考）

## 07 听我倾诉

**专业目标** 使人们发泄情绪、放松心情、调整心态，并且一定程度上可加强人与人之间的联系和沟通。

**适合人群** 无特定人群。

**适宜人数** 以10—40人为宜，当人数过多时，社会工作者要注意使用扩音设备；当人数过少时，游戏效果可能不太明显。

**建议时间** 以30—40分钟为宜，可根据现场情况，适当调整游戏时间。

**场地要求** 安静舒适的室内。

**物资准备** 白纸、笔若干。

### 游戏规则

• 所有参与者围成半圆形，社会工作者给每人一张白纸。

• 社会工作者引领参与者写出目前所遭遇的三件不如意的事情，并写出心目中的倾诉对象。

• 请一名参与者作为倾诉者站在小组中央，请他描述他的倾诉对象。

• 从在场的参与者中找出一名符合条件（或是条件最接近）的倾诉对象，向他诉说心声（心中的烦闷以及不如意的事情）。

• 每人轮流寻找倾诉对象，倾诉心声。

### 适用说明

• 该游戏在人群选择方面没有要求，适用于各年龄阶段和各社会阶层的人群，但对于不同人群有不同的效果，面对儿童群体，这种方法更适用于儿童们讲述能力的提升并且学会将自己的想法告知给别人；面对压力较大的青年人群，该方法对于解压、舒缓情绪等方面起到很大的作用。

• 该游戏较为安静，气氛和现场情况存在很多不确定性，社会工作者需要做好引领和控场，当面对现场气氛较为凝滞时，可通过一些运动型游戏对现场氛围进行一定的调控；在现场气氛过于热络，无法维持秩序时，可通过音乐以及凝神游戏进行控场。

- 社会工作者需在游戏开始前，给参与者一些提醒。例如，当参与者作为倾诉对象时，应该保持同理心，并且学会倾听，当旁观者作补充时，也需注意这两方面。
- 该游戏可能会涉及隐私方面等问题，在开始前，社会工作者需明确地说明规则和游戏中可能出现的隐私问题，需要争取参与者的同意以及询问参与者的想法，尊重参与者的想法和意见。
- 在游戏的最后需进行一个交流和分享，看这个游戏是否达到发泄情绪等目的。

**社会工作者引导**

社会工作者可向其中几个参与者询问："你的烦恼有没有得到解决？你对烦恼的认识有没有改变？""其他人在向你倾诉时，你内心的变化是什么样的？是渐趋平静还是波动更大？"社会工作者在引导参与者进行分享时，应将参与者有没有很好地抒发了自己的情绪以及自己在游戏中有何感受作为最终方向。

**参与者说**

这个游戏对我挺有帮助的，刚开始在白纸上确实写出了三个烦恼想找人倾诉，可真正站到我的倾诉对象面前让我倾诉时，话说到一半，就觉得自己的那些烦恼其实也不值一提，没什么可值得烦恼或是伤心的。其实对其他参与者来说，这可能是一个把心中烦恼一吐为快从而达到放松心情的游戏，但对我来说整个游戏更像是一个自我反思和清理情绪垃圾的过程，随着我把烦恼写在纸上，再组织清晰完整的语言陈述它们，再找个合适的人倾诉这好几个程序下来，话到嘴边前这些烦恼和不快已经在我心里转了好几圈，真要说出来了又觉得没必要了，因为我自己已经释然了。

## 08 我有一个梦

**专业目标** 通过游戏让每名参与者都设立自己的目标，并且体验情绪的重要性，使参与者感受并学会发泄情绪、放松心情、调整心态，并且一定程度上可加强人与人之间的联系和沟通。

**适合人群** 无特定人群。

**适宜人数** 以1—20人为宜，当人数过多时，游戏效果可能不太明显。

**建议时间** 以10—20分钟为宜，可以根据现场效果，适当调整游戏时间。

**场地要求** 安静的室内。

**物资准备** 纸、笔若干，舒缓的音乐音频，音响。

### 游戏规则

● 让参与者进入放松的状态。当社会工作者用舒缓的语调复述下面的内容（参见后面的故事内容）时，让他们自由地呼吸并闭上眼睛。

● 让参与者记下某些意象中的细节。让他们写下一个简短的计划，表明从现实到想象意象的过程中，他们有什么收获。

● 最后，就想象以及为未来做规划的重要性展开讨论。

### 适用说明

● 该游戏在人群选择方面没有要求，适用于各年龄阶段和各社会阶层的人群，但对于不同人群有不同的效果，面对儿童群体，这种方法更适用于稳定儿童们好奇以及好动的特征；面对压力较大的青年人群，该方法对于解压、舒缓情绪等方面起到很大的作用；面对老年人群，更适用于让老年人做一个放松。

● 游戏对场地以及现场的气氛要求较高，社会工作者应该在游戏之前控制好现场的秩序。

● 游戏进行时，现场应保持安静的氛围，同时可以播放舒缓的音乐，并且可以选专业朗诵的参与者来演讲，使参与者更好进入游戏中。

## 社会工作者引导

社会工作者可向其中几个参与者询问："在游戏过程中你有何感受?""你的未来计划是什么？是否对规划进行了修改?"社会工作者在引导参与者进行分享时，应将参与者对未来的规划和应该如何去实现作为最终方向。

## 故事参考

自由呼吸，心无杂念。我将带你进行一次想象之旅。集中注意力于我的话语，并感觉你的身心开始越来越放松……继续放松……

你周围是一片黑暗……你完全被夜色所包围……你感到温馨、放松和自如。集中神志于你的呼吸，轻松地慢慢呼吸。集中神志于你周围的令人舒服的夜色，在远处，你仿佛看到了一个圆圆的小物体。慢慢地、逐渐地，它离你越来越近，最后离你只有 1 米远，它悬挂在黑夜中，就在你的眼前。这个物体上有一个钟表，它的时针和分针都指向了 12，这是一个普通的表，有黑色指针和普通的……白色的……表盘。

当你继续集中神志于表盘和指向 12 的指针的时候，你开始感到时间好像开始凝固了。现在，慢慢地，分针开始沿着表盘走动，开始的时候很慢，然后稍快，后来更快。在几秒钟的时间之内，它已转了一圈，时针现在指向 1 点了。分针继续转动，而且速度越来越快，因此时针也从一个数字跳到另一个数字，速度越来越快……当指针继续绕着表盘旋转的时候，你感到自己正被轻轻地拉……轻轻地被拖进未来之城……当你穿越时间的时候，缕缕的空气轻轻地擦着你的肌肤……直到最后，你开始慢下来……表针终于停下来了，整整 10 年已经过去了。

你向左边的远处看去，你看到在光亮的地方有个人。那个人就是你，10 年后处在理想的工作环境中的你。对你来说万事如意。将你的意识融入到未来的你身上，感受未来的温馨和积极。现在环顾四周，谁和你在一起？你看到了什么样的工作环境？你看到了什么样的设施和家具？周围的人们在说什么？这里有一扇窗户吗？你能看到窗外吗？如果能，你看到了什么？集中神志于你能看到的、感觉到的和听到的细节，并让自己感受未来之你的成就和纯粹的满足……

现在你感到自己又被拖进黑暗中，直到在远处，另一个场景开始浮现。

就在正前方，你看到自己在另一个光明之地。环顾四方，谁和你在一起？你看到了什么家具？尽量集中神志于声音，让意象越来越清晰。集中神志于你能看到的、感觉到的和听到的细节，并让自己感受未来的你的成就和纯粹的满足。

当你又被轻轻地拉向黑暗时，光明之地开始暗下来……当我告诉你睁开眼睛时，你将重新回到现在，你将回忆起你美好的未来形象，那些美妙的成就感和满足感将在心中留驻……好了，慢慢地、慢慢地，睁开你的眼睛，你又回到了现在。

## 09 眨眼传数字

**专业目标** 使参与者们放松面部肌肉，放松眼睛，缓解面部和眼睛的紧张。

**适合人群** 无特定人群。

**适宜人数** 以10—40人为宜，当人数过多时，社会工作者要注意使用扩音设备；当人数过少时，游戏效果可能不太明显。

**建议时间** 以15分钟左右为宜，可以根据现场效果，适当调整游戏时间。

**场地要求** 无特定要求。

**物资准备** 无。

**游戏规则**

- 参与者们排成一排，由社会工作者告诉最后一个人数字（两位数），其间不能让其他参与者听到。
- 右眼代表十位数，左眼代表个位数。例如，当传的数字是59时，就是右眼眨五下，左眼眨九下。
- 当最后一个人开始传的时候，其他人的眼睛只能看向前面，只有后面一个参与者拍肩膀时才能转头。
- 当全部传完后，由第一个人说出数字。

**适用说明**

• 社会工作者可根据现场氛围和参与者们的身体情况进行游戏进阶，增加难度，可由两位数增加到三位数，加上嘴巴进行表达，例如，吧嗒两下嘴代表数字2，更好地使参与者们进行面部和眼睛放松。

• 该游戏的目的是为了使参与者进行放松，形式是传数字，因此在这一过程中，肯定会有参与者出现错误，社会工作者记得引导参与者认识游戏的目的和初衷，不要将注意力全部放在正确或错误上。

**社会工作者引导**

社会工作者可向参与者询问："你觉得这种形式的游戏是否给你带来了放松？""你觉得在日常生活中，我们是否应对眼睛给予重视？"社会工作者在引导参与者进行分享时，应将参与者有没有很好地进行放松以及未来会如何改变作为最终方向。

**为师者说**

该游戏简单易行又容易出效果。不仅可以起到缓解眼部疲劳的作用，还可用于破冰暖场或者调整现场节奏。对空间和人群要求不多，在教室里，人数较多情况下，可以分A、B组，以列为单位，A组传递一个数字，B组监督不要犯规。还可以在乘车的旅途中使用，趣味性很强。

## 10 时间感

**专业目标**　提高参与者时间感受能力，在轻松简单的游戏中放松心情，平静内心。

**适合人群**　无特定人群。

**适宜人数**　以2人一组为宜，总人数无限制。

**建议时间**　以10分钟左右为宜，可以根据现场效果，适当调整游戏时间。

**场地要求** 安静的室内。

**物资准备** 手表或手机等计时工具。

**游戏规则**

• 每两人一组，其中一人闭上眼睛，另一人看表，并说出一个时间，闭眼的参与者觉得时间到了就睁开眼。

• 一开始可以先玩 10 秒，请对方把眼睛闭起来，然后逐次增加秒数以达到让其放松休息的目的。

**适用说明**

• 该游戏的主要目的是让参与者放松心情，要避免将对时间把控的准确性看得过重，以免增加参与者的紧张感。

• 游戏过程中，如果参与者们出现问题或侧重点出现错误，社会工作者可进行适当的引导，但在该游戏中，社会工作者的引导不宜过多，易出现参与者感受较弱等情况。

• 当游戏在过程中达到轻松的气氛时，游戏效果体现较好，能很好地达到使参与者们放松的初衷。

• 在之后每组逐次增加秒数时，最终最长秒数应控制在 1—2 分钟以内，如果时间过长，可能会使参与者们对时间的感知越发不敏感，而且长时间的闭眼导致参与者们过于放松，易出现疲倦。

**社会工作者引导**

社会工作者可向表现较为突出的几个参与者询问："你是如何去把握时间的?""你在游戏过程中是否感觉到放松?"对时间感较差的参与者可从是否对时间掌握有了新的认识方向进行询问，社会工作者在引导参与者进行分享时，应将参与者有没有对时间的把握有了一定的认识以及是否在游戏中感到放松作为最终方向。

**参与者说**

趣味性十足的游戏。刚开始时我都能算得比较准，随着时间跨度的增加，越是急切地想要去掌握时间，心里越是慌乱，就越是掌握不好。只有静下心来才能真正感受时间划过，能够帮助我专注下来、心情平和。

# 第九节　趣味运动类游戏

## 01 站立得稳

**专业目标** 使参与者在游戏中精神与身体能够得到放松，同时可以调节现场的气氛。

**适合人群** 无特定人群。

**适宜人数** 以10—40人为宜，当人数过多时，社会工作者要注意使用扩音设备以及游戏的安全性；当人数过少时，游戏效果可能不太明显。

**建议时间** 以10—20分钟为宜，可以根据现场效果，适当调整游戏时间。

**场地要求** 空旷的场地。

**物资准备** 粉笔若干、动感的音乐、小音响。

**游戏规则**

- 社会工作者在游戏之前用粉笔在地上画一个大圈，加两个小圈于大圈内。
- 大家手牵手站在大圈上。音乐开始，大家向右绕大圈走。靠近小圈时，可以用力拉自己左右的人，使他站不稳而踏入小圈内。注意凡是踏出圈外的人需要淘汰。
- 音乐停了再开始，大家改向左移动，走近小圈又用力拉别人入圈。凡踏入小圈三次以上的，就是没有“站立得稳”的人，要受罚。

**适用说明**

- 游戏中如果没有音响等设备，亦可用口琴或一人唱歌代替音乐。一曲停后，再开始时，就换方向走。

•游戏过程中社会工作者要注意现场秩序的掌控，同时由于游戏有身体的碰撞，需要社会工作者在游戏中不断提醒参与者注意安全。

社会工作者引导

社会工作者注意观察参与者的动作和表情的变化。游戏结束后，社会工作者可以问："在游戏中你每次都能够站稳，你能告诉我们诀窍吗?""在游戏中，我发现你在第一轮就被淘汰，你觉得原因是什么?""在游戏中，发现你笑得特别开心，你能说说你在游戏前后心情有什么变化吗?"

参与者说

非常有趣的游戏，玩游戏的时候很快就感到身心愉悦起来了。同时，这也是一个挺考验反应能力和观察力的游戏，玩到后来渐渐能预估判断出两边的人想要把我拉向哪个方向，我就借力使力诓她一下，把她拉进了内圈。到最后感觉大家还都没玩够就停止了。我觉得以后每次活动前都可以有这样的趣味游戏，可以帮助大家很快将身心放松下来。

## 02 请尝山楂片

专业目标 通过游戏调节紧张的气氛，消除疲劳。

适合人群 无特定人群。

适宜人数 无限制。

建议时间 以 10—20 分钟为宜，可以根据现场效果，适当调整游戏时间。

场地要求 空旷的场地。

物资准备 若干山楂片（也可用饼干代替）、计时器。

游戏规则

•社会工作者请参与者放松站立，双手在背后互相勾住，各自把头仰起来，依次在他们的额头上放一片山楂，要求他们巧妙地改变头的位置，使山楂片移动，落进自己的嘴里并吃掉。

• 参与者一旦成功马上可说："我成功了！" 主持人便可马上再给他在额头上放一片。在规定的时间内，吃到山楂片多的受到赞扬。若将山楂片落地，不得拾起，但可另外再给一片。

**适用说明**

• 该游戏的适用性特别高，能够在短时间内调节现场的气氛。

• 游戏中，可能存在拒绝参加游戏的队员，社会工作者可以注重引导，让所有参与者都能积极参与其中。

**社会工作者引导**

社会工作者可以通过参与者的表现来引导他们分享自己的感受。社会工作者可以询问："在游戏中，你是第一个成功的人，你能分享一下你的技巧吗？""你在游戏中，直到最后也没有吃到，你能说说是什么原因吗？""通过这个游戏你觉得自己的心情有什么变化？"

**示例漫画**

## 03 双龙戏珠

**专业目标** 通过游戏能够调动参与者的积极性，调节现场的气氛，放松身体。

**适合人群** 无特定人群。

**适宜人数** 以10—40人为宜，当人数过多时，社会工作者要注意使用扩音设备；当人数过少时，游戏效果可能不太明显。

**建议时间** 以10—20分钟为宜，可以根据现场效果，适当调整游戏时间。

**场地要求** 宽阔的室内或室外。

**物资准备** 若干个气球。

### 游戏规则

- 社会工作者将参与者两人分为一组，两个人背对背夹住一只球。
- 社会工作者主持人下达“原地转三圈”等口令，两个人必须立即听从指令，若掉球或用手扶球则为犯规，退下场，最后剩下的组获胜。

### 适用说明

- 游戏人数最好为偶数，但如果人数为奇数不能两人一组时，社会工作者也可以参与其中，要确保所有参与者都能够参与游戏中。
- 游戏中，社会工作者在下达口令时，声音应清晰洪亮，同时要注意可以先从简单的口令开始，逐渐增加难度。

### 社会工作者引导

社会工作者可以从参与者的动作表情入手，深入参与者的内心，引导其进行分享，询问：“在游戏中，你们两个的配合最为默契，能分享一下你们的经验吗?”“在游戏中在某某环节你们的气球掉了，当时发生了什么?”“你们能够迅速作出反应，在哪些方面作了调整最后才成功了?”“通过这个游戏，你有什么收获或感受?”

**游戏贴士**

主持人口令示例："原地踏步""向前走五步""原地跳两下""往我的右手边跳两下""跳迪斯科""一个人扭屁股一个人原地不动"等，主持人可以根据参与者的运动协调能力由简单的指令开始慢慢增加难度，这个难度可以是动作上的也可以是思维逻辑上的，以考察参与者的默契和沟通情况。以上口令仅供参考，主持人可以根据活动现场的情况自由发挥。

## 04 魔林

**专业目标** 通过游戏可以调动参与者的参与性，活跃现场气氛。

**适合人群** 无特定人群。

**适宜人数** 以10—40人为宜，当人数过多时，社会工作者要注意使用扩音设备；当人数过少时，游戏效果可能不太明显。

**建议时间** 以10—20分钟为宜，可以根据现场效果，适当调整游戏时间。

**场地要求** 空旷的场地。

**物资准备** 口哨。

**游戏规则**

• 社会工作者从参与者中选出两个人，一人为追者，另一人为逃者。其余剩下的人排成五列横队，以侧平举、前平举的方式散开，散开后每个人扮演森林里的一棵树。

• 游戏开始，社会工作者（主持人）先向所有参与者明确指令，社会工作者将以吹哨子的方式下达口令，"大树"们根据不同的口令一齐做出不同的动作，如吹一下哨，森林必须全体向右转并两臂侧平举……社会工作者可不断地变化口令，与此同时，两人在森林里进行追逃，一旦追到则两人互换角色，逃者若碰到森林的任何一棵树也为失误，但逃者累了可以喊暂停，与任何一棵树互换角色。

### 适用说明

- 该游戏的适用性特别强，能够在较短的时间内调动现场的气氛。
- 游戏过程中存在身体碰撞，社会工作者应该提醒参与者注意安全。
- 社会工作者要注意时间的控制，根据现场的气氛以及参与者的身体状态决定是否延长或缩短游戏时间。

### 社会工作者引导

社会工作者可以询问参与者："当你扮演追者的时候，有什么策略能够抓到逃者？当你扮演逃者的时候有什么技巧能够逃过森林和追者的追捕?""通过游戏你觉得自己身体放松了吗？你的心情有什么变化？你觉得这个游戏还有需要改进的其他方面吗?"

### 游戏贴士

吹哨口令示例：吹一下哨子，全体向右转并两臂侧平举；吹两下哨子，全体右转并蹲下；吹三下哨子，全体向左转并两臂侧平举；吹四下哨子，全体左转并蹲下；吹五下哨子，全体原地不动。以上仅供参考，社会工作者（主持人）可根据现场情况自由改变口令难度。

## 05 跳水

**专业目标** 通过该游戏活跃现场的气氛，使参与者在游戏中精神与身体能够得到放松。

**适合人群** 无特定人群。

**适宜人数** 以10—40人为宜，当人数过多时，社会工作者要注意使用扩音设备；当人数过少时，游戏效果可能不太明显。

**建议时间** 以10—20分钟为宜，可以根据现场效果，适当调整游戏时间。

**场地要求** 空旷的场地。

**物资准备** 粉笔。

**游戏规则**

● 社会工作者用粉笔在地上画一个边长为 3 米的正方形，代表“跳水池”。

● 参赛人数为双数人，等分两队，相对而站。比赛开始，双方一起摆臂唱儿歌：“伏明霞，胆子大，扑通一声就跳下！”当念到最后一个“下”字时，就跳入池内。每次跳入的人数，各队可事先商量好，但每人只能跳两次。

● 判别胜负的方法是：双方人数相等，无分；人数不等时，人多者得一分。接着再唱跳，在规定的局数里，积分多的队为胜。

**适用说明**

● 该游戏的适用性特别高，能够在短时间内调节现场的气氛。社会工作者需要注意观察参与者的神态适当延长或缩短游戏时间。

● 游戏中，可能存在拒绝参加游戏的队员，社会工作者可以注重引导，让所有参与者都能积极参与其中。

● 该游戏对人数的要求较为严格，社会工作者可以根据现场实际人数来分组，也可以适当改变游戏得分规则。

**社会工作者引导**

在游戏中社会工作者可以从游戏背后隐藏的数学规律询问参与的两队：“在游戏中，你们是怎样决定跳水的人数顺序的?”“你觉得这个游戏能够最后胜利有哪些影响因素?”“从这个游戏中，你明白了什么道理?”

**为师者说**

这个游戏考验智力也考验团队合作力，需要团队成员之间高度默契，在游戏过程中也极易产生小组领袖，同时社会工作者主导游戏时，要注意讲清楚规则，也要根据现场参与者的情况，变化规则以提高或降低游戏难度。双方人数较少时，游戏难度降低；人数过多时，现场比较容易失控。

## 06 踩气球

专业目标 通过游戏可以打破组内的隔阂，调节现场气氛，提高参与者的积极性。

适合人群 青少年或青年人群。

适宜人数 以10—40人为宜，当人数过多时，社会工作者要注意游戏的安全，同时使用扩音设备；当人数过少时，游戏效果可能不太明显。

建议时间 以10—20分钟为宜，可以根据现场效果，适当调整游戏时间。

场地要求 宽阔平坦的房间或室外。

物资准备 气球若干、哨子。

### 游戏规则

- 参与者每人左右脚腕上各系一只气球，手拉手围成一个圆圈。
- 游戏开始，齐跳三步一踢的舞步，数次后，社会工作者主持人吹哨，大家迅速解散，相互踏踩气球，两只气球全爆后自觉下场，最后剩下的一人获胜。

### 适用说明

- 该游戏因为有许多跑跳等激烈的身体碰撞动作，所以对参与者的年龄、身体状况等要求十分严格。同时社会工作者在游戏过程中需要不断地提醒参与者注意安全。
- 该游戏对场地要求也十分严格，最好选择较为空旷的室外，同时在游戏之前已经划定游戏的范围。
- 社会工作者主持人需要有良好的控场能力，维持好现场的秩序。同时注意观察参与者的神态，适当地调整游戏时间和游戏规则。

### 社会工作者引导

社会工作者注意参与者在游戏中的动作以及神态，可以询问：“你在游戏中能够迅速反应踩爆其他人的气球并且能够坚持到最后，你有什么技巧吗?”“在游戏中你马上就被其他人踩爆气球，你觉得原因出在哪?”“你通过这个游戏你的心情有什么变化?”

图片来源：青岛理工大学 2016 级社会工作专业学生　社区实践活动

# 第十节　体验分享类游戏

## 01 盲人与拐杖

**专业目标** 通过游戏中角色的体验，让参与者理解他助与自助同等重要。让参与者感受到朋友间信任与被信任、爱与被爱的幸福与快乐。

**适合人群** 无特定人群。

**适宜人数** 以10—40人为宜，当人数过多时，社会工作者要注意使用扩音设备；当人数过少时，游戏效果可能不太明显。

**建议时间** 以10—20分钟为宜，可以根据现场效果，适当调整游戏时间。

**场地要求** 空旷的场地。

**物资准备** 眼罩若干、音乐。

### 游戏规则

• 游戏分两轮进行，首先两个人组成一组，其中一人戴上眼罩扮演盲人，另外一人扮演“拐杖”（第二轮游戏两个人角色互换）。“盲人”戴上眼罩原地转3圈，“拐杖”搀扶着“盲人”在一段路上行走，帮助“盲人”跨越各种障碍，自始至终不可以有语言的提示，只能用肢体的接触来提示“盲人”前方有怎样的地形，应该直走还是抬腿，保护“盲人”不受伤害。

• 完成第一组后交换角色，重新体验。

• 参与者分享活动中的体验，社会工作者对大家的感受给予反馈。

### 适用说明

• 社会工作者在游戏过程中，需要不断提醒，“拐杖”只能用肢体动作引导，不允许进行语言交流，最好在适当的背景音乐中进行。

• 障碍旅程的设计，应该有跨越、下蹲等多种障碍。尽量创造一种比较困难的活动情境，使“盲人”的旅行变得有一些困难，从而有利于“盲人”更好地体会被人帮助的快乐和幸福。

• 如果在活动中出现人数为单数的情况时，社会工作者扮演“拐杖”，及时地帮助“盲人”，而不要把他自己扔在那里，否则单数参与者可能会产生一种被大家抛弃的感觉。

**社会工作者引导**

社会工作者在游戏结束后，注意引导参与者说出扮演角色的内心变化。社会工作者可以询问扮演“盲人”的参与者：“在游戏中，我发现你即使在拐杖的帮助下也不敢走（不用拐杖的帮助大胆地往前走），能说一说你当时的感受吗？你蒙上眼睛后，自己的内心有什么变化?”“你在扮演拐杖帮助‘盲人’的时候，当你看到他马上就要碰到障碍了你当时有什么想法?”“通过这个游戏，你有什么感受和收获?”

**参与者说**

在游戏中我第一次体验了作为“盲人”的恐慌和无助，因为没有和扮演我的“拐杖”的同学提前商量，在游戏中特别怕自己会明白不了她的意思而绊倒，在战战兢兢中顺利完成了游戏，手心也出了汗。不过我觉得在游戏过程中重要的不仅仅是对“拐杖”的信任，对自己的信任也同样重要，如果你不相信自己，不敢踏出第一步，别人给予再多帮助也无济于事。

## 02 请你为我做件事

**专业目标** 体验“施”与“受”的感觉，培养团队的互助合作精神，提高参与者对人际关系的觉察能力。

**适合人群** 无特定人群。

**适宜人数** 以 10—40 人为宜，当人数过多时，社会工作者要注意使用扩音设备，同时要保证参与者的安全；当人数过少时，游戏效果可能不太明显。

**建议时间** 以10—15分钟为宜，可以根据现场效果，适当调整游戏时间。

**场地要求** 空旷的场地。

**物资准备** 无。

**游戏规则**

- 两人一组，分饰施方与受方，由受方请求施方为他做件事，例如“请你为我唱首歌”等各种可行合宜的事，在接受帮助后，受方必须向施方表示感谢。
- 一轮结束后，双方角色互换再次进行。
- 游戏结束后，讨论施与受的感受与经验。

**适用说明**

- 该游戏同时也适用于社会工作专业课堂上进行，使学生能够感受社会工作者精神。
- 在游戏过程中社会工作者需要具备很好的引导能力，掌控活动大局，引导活动走向。

**社会工作者引导**

在游戏之前，社会工作者注意参与者在游戏中神态动作的变化，可以在游戏结束后，询问：“当你帮助别人时，感受如何？当你接受别人帮助时，感受如何？你如何向他人表达谢意？”社会工作者主要引导参与者从动作神态表达出自己内心的感受。

**为师者说**

该游戏关键在于让参与双方体会帮助他人和被他人帮助的感受，建立起人与人之间互助友善的关系。但是游戏中提出的要求不能令对方为难，如果对方感觉比较难以实现，没有完成对方提出的要求，也要帮助参与者双方学会表达歉意以及接受不完美，这样就将游戏引入更深一层，助人是每个人的良好愿望，即使不能提供帮助，也要学会拒绝，这是人与人交往的界限。受助者也应尊重对方，不应道德绑架。

## 03 鸡蛋父母

**专业目标** 使参与者体会责任的重大及做父母的不容易，提高参与者的耐心和责任感。

**适合人群** 儿童、青少年。

**适宜人数** 无特定要求。

**建议时间** 一周左右，可以根据游戏效果，适当调整游戏时间。

**场地要求** 无特定要求。

**物资准备** 若干枚做好标记的鸡蛋。

**游戏规则**

• 社会工作者向参与者每人分发一个做好标记的鸡蛋，参与者做鸡蛋的父亲或者母亲。

• 参与者按照任务图表的要求照顾鸡蛋，例如每天帮鸡蛋洗澡，定时带鸡蛋晒太阳等。参与者每天做好记录。

• 最后一天，参与者将鸡蛋带来活动现场，共同分享经验和感受。

**适用说明**

• 该游戏适合用于孩子与父母之间出现矛盾，增强子女对父母的理解。

• 游戏之前，社会工作者需要提前将任务图表做好，并把鸡蛋做好标记。

• 在感受分享阶段，社会工作者需要做好引导的工作，引导参与者说出自己内心的感受，鼓励参与者表达。

**社会工作者引导**

在游戏之前，社会工作者可以与参与者一起制作“鸡蛋父母任务图表”。社会工作者可以问：“大家在日常生活中，自己的爸爸妈妈都帮自己做过什么事情？例如做饭等。我们作为鸡蛋的父母能帮助它做哪些事情？”在游戏结束后，社会工作者可以注意从参与者每天都为鸡蛋做了什么入手，引导参与者分享自己的感受，可以询问："这几天你都为鸡蛋做了哪些事情？你觉得这些事情中哪些事情对你来说最难？这段时间你有忘记过它或者没用心照顾过它吗？你觉得当鸡蛋父母是什么样的感觉？你觉得自己的父母平常也像鸡蛋父母那样辛苦吗？你想对他们说些什么？"

**参与者说**

"5 天的时间，我每天早上叫鸡蛋起床、给它洗澡，中午放学后带它晒太阳，晚上写完作业还要给它做衣服、讲故事。所有事情好像变成我每天都要承担的责任，喜欢赖床的我不得不闹钟一响马上爬起来，晚上再累也要按照任务表的规定给鸡蛋做衣服、讲故事……5 天结束了，突然一下子感觉很放松、很开心。可是看到爸爸妈妈每天需要为我做那么多事，一做就是很多天很多年，他们没有任务表，也没有截止日期，但他们从没抱怨过，妈妈每天要给一家人洗衣做饭打扫卫生，爸爸每天要为一家人在外面打拼，他们每天都有好多好多任务，但还是会在早上温柔耐心地叫我起床，在晚上我熟睡后轻轻帮我关上房间里的灯，因为我特别怕黑。一下子说了好多，其实这个游戏让我感受到了很多，我发现父母面对孩子好像有无限的力量和无尽的爱，我发现在家里张贴任务表能督促自己完成好多事……"

## 04 坦然面对

**专业目标** 通过游戏能够使参与者体验不同的角色，并且加深对自我的认识，学会积极进取，自我探索。

**适合人群** 无特定人群。

**适宜人数** 以 10—40 人为宜，当人数过多时，社会工作者要注意使用扩音设备；当人数过少时，游戏效果可能不太明显。

**建议时间** 以 10—20 分钟为宜，可以根据现场效果，适当调整游戏时间。

**场地要求** 空旷的场地。

**物资准备** 乒乓球若干。

**游戏规则**

• 从全部的参与者中随机选出一名参与者，该参与者扮演“小丑”。剩下的参与者作为小丑表演的观众。

• “小丑”表演抛球杂技，观众对“小丑”的表演作出反应，社会工作者规定观众的反应只能从喝彩、鼓励、愤怒、窃窃私语中表现。

• “小丑”在进行表演的过程中出现失误后，可以用卑微的口气向观众道歉，也可以装作没有发生一样继续进行表演，无论什么形式都可以。观众可以根据他的表现作出回应。

• 选出其他参与者扮演“小丑”，重复进行游戏。游戏结束后社会工作者要引导参与者说出自己的感受。

**适用说明**

• 这个游戏模拟了一个“小丑”表演的场景，让参与者在游戏过程中帮助他们坦然自信地面对错误。另外，这个游戏本身就很有意思，可以起到活跃气氛的作用。

• 游戏对观众和“小丑”的要求比较高，社会工作者可以设定几种反应供观众选择，“小丑”需要有一定的表演技巧。

• 游戏结束后，社会工作者要分别引导观众和“小丑”说出自己的感受，分享自己选择不同表现的原因以及看到大家对自己的反应的心情。

**社会工作者引导**

社会工作者在游戏中注意观察“小丑”的神态表情与动作，同时记录当“小丑”做动作的时候观众的反应。社会工作者在游戏结束后，着重从参与者的神态动作入手，引导他们说出自己的内心感受。社会工作者可以询问“小丑”：“你在扮演‘小丑’的时候，表演自如，当出现失误的时候，你总能第一时间化解，说一下你当时的感受？当你看到观众对你的反应的时候，你的心情有什么变化？”询问观众：“你在观看‘小丑’的表演时，当他出现失误的时候你是什么样的反应，你在看到他的应变的时候有什么反应？”

**为师者说**

这个游戏较难控制，需要扮演观众和“小丑”的人都充分理解游戏的意义，带有实验性质的作出各种不同的反应，并观察对方的反应，从中体会人与人之间的互动交往以及相互影响。同时社会工作者注意引导参与者多从正向角度反馈他人，学会处理人际关系的尴尬局面。

## 05 Leader 最大

**专业目标** 通过游戏的方式，参与者扮演 Leader，能够体验领导者的语言行为特征，同时能够缩短小组成员间的距离，让小组成员可以更好地认识对方，懂得尊重和被尊重。

**适合人群** 以青少年人群为宜。

**适宜人数** 以 8—20 人为宜。当人数过多时，社会工作者要注意使用扩音设备；当人数过少时，游戏效果可能不太明显。

**建议时间** 以 10—30 分钟为宜，可以根据现场效果，适当调整游戏时间。

**场地要求** 安静的室内。

**物资准备** 无。

### 游戏规则

• 全部参与者围成一个大圆圈，坐在地上。

• 先以一人为 Leader（即命令者），Leader 可随意说一句或一段话，也可做一个动作，其他小组成员依次仿照 Leader 的话或动作，尽量跟 Leader 做到一致。

• 当全部的人都做完后，再换第二个人当 Leader，其他小组成员同样跟着做，之后一直轮流当 Leader，直到全部的人轮完为止。

### 适用说明

• 该游戏同时适用于小组中期，拉近小组成员之间的距离，使小组成员对自己有另外新的认识，并懂得尊重他人与被尊重。

• 社会工作者需提前对规则详细化，并且需提醒小组成员，在一人是 Leader 时，其他人需要注意观察并且不能批评，而且 Leader 可以做任何自己喜欢或者想做的事情（除不正当言论和行为），成员需要遵守。

• 当现场氛围较为正式，所有参与者的注意力集中时，游戏效果和目的体现会更好。

• 社会工作者在游戏过程中，可进行适当引导，但是不宜说得过多，更多需要团队成员间自行了解和发挥。

**社会工作者引导**

社会工作者在游戏结束后分别引导扮演 Leader 的参与者以及其他参与者分享他们在游戏中的内心的变化。社会工作者可以询问扮演 Leader 的参与者："在游戏中，无论你下达什么命令，其他人都能够按照你的想法来做，你内心有什么感受？"社会工作者询问其他参与者："你在按照 Leader 的命令做动作时，你内心有什么想法？你的心情有什么变化？"注意引导参与者体会团体中的权力关系（服从关系），通过体验两种角色，学会换位思考，以便更好地适应团体中的领导角色或成员角色。

**游戏贴士**

### Leader 发布的指令（举例）

根据不同的参与群体，社会工作者可以设计提供不同的参考例子，以使参与者个人能更好地体验对方的角色，学会换位思考、尊重彼此。这里假设参与人群是供职于同一公司的上司和下属。

1. 语言类（Leader 注意用语气营造气氛）：

可以是质疑、批评等，如你没有听懂我的话吗？笨蛋！

可以是道歉、承认错误等，如对不起，是我错怪你了。

可以是命令等，如半小时之内把项目方案发给我。

可以是鼓励、表扬等，如你的办事效率很高，要继续努力呀！我看好你！

可以是关心、安慰等，如你还好吗？如果工作累了可以去休息间喝杯果汁。

2. 肢体动作类：如一个微笑、一个大大的拥抱、一声叹息、热烈地鼓掌、竖起大拇指、失望地摇摇头等。

## 06 同理心表演

**专业目标** 通过两人一组情景剧表演形式，使自我明白他人的重要性，有必要了解他人、尊重他人，进而产生信任。

**适合人群** 无特定人群。

**适宜人数** 以6—20人为宜，并以两人每组为宜，当人数过多时，社会工作者要注意使用扩音设备。

**建议时间** 以15—30分钟为宜，可根据现场情况，适当调整游戏时间。

**场地要求** 空旷安静的室内。

**物资准备** 无。

**游戏规则**

• 所有参与者以两人为一组，分成若干组，两人一组面对面坐下，以互相交谈方式，先由一人介绍自己近期所经历的事情和一些不顺心的遭遇等。

• 当一人说完后，换另一人来叙说自己的遭遇和故事，以彼此了解，并且更好地理解对方，双方的叙述以10分钟为限。

• 参与者自愿表演，依序向大家表演出自己小组内同伴的遭遇，不充分时，则由小组同伴自行补充。

• 最后进行回馈活动，请参与的每一个人轮流发表一下对这个游戏的感受和心得，进行交流和分享。

**适用说明**

• 在游戏结束最后的讨论中社会工作者要注意引导参与者进行思考（例如，在双方有误解/沟通不畅时，自己是否能多替别人着想？在此活动进行完毕后，自己是否会站在别人的立场替别人着想？是否更能宽恕别人?）并交流。

• 在参与者进行同理心表演的过程中，周围观看的参与者们也可在表演的最后，在社会工作者引领下，表达自己看完这个表演后的内心感受。

社会工作者引导

社会工作者可向参与者进行询问：“通过这个游戏，你是否会对其他人的遭遇或者经历的事情有所感触？是否感受到了同理心？”“通过这个游戏，你有没有更进一步了解其他参与者？”“在今后发生矛盾或者冲突时，你能否站在对方的立场上思考问题？”可从参与者新的认识以及未来如何去做出发作为方向引导。

示例漫画

## 07 批评与赞美

**专业目标** 使参与者感受到被批评或被赞美时的不同心理，学会换位思考，培养同理心。

**适合人群** 无特定人群。

**适宜人数** 以 10—40 人为宜，当人数过多时，社会工作者要注意使用扩音设备。

**建议时间** 以 20—30 分钟为宜。

**场地要求** 空旷的场地。

**物资准备** 无。

游戏规则

- 全体参与者围成一个圆圈，其中一名参与者自愿参加或社会工作者引导选择一名参与者站在中间。
- 社会工作者指导全体参与者先对中间的参与者进行批评，批评结束后，再进行表扬，在批评和表扬的期间，中间的接受者不能说话和有任何表达，让中间的接受者感受在这种环境下内心的压力。

适用说明

• 在游戏过程中社会工作者要注意心理引导，能使参与者充分感受到这种情境下内心的变化和波动。

• 社会工作者应在游戏开始前，将游戏规则以及注意事项说清楚，周围的评价者们需要掌握好批评和表扬的度，不能太过，以造成对中间接受者的间接伤害。

• 游戏结束后，社会工作者要引导不同参与者分享自己的感受，站在中间和周围的参与者都需要包含在内，以便更好地对这次游戏进行总结和认识。

社会工作者引导

社会工作者可向站在中间的参与者进行询问："在游戏过程中，你接受批评和赞美时，有什么不一样的心境体验?""通过这个游戏，对你今后的生活有什么启发?"社会工作者可以向其他参与者询问："当看到中间受批评或受表扬的参与者不同的表情和神态时，你心里有什么感受?"可从参与者新的认识以及未来如何去做作为方向引导。

为师者说

该游戏中一名参与者站在圆圈中央接受所有人的评论，会产生巨大压力，这个场域所产生的感受也会特别明显，甚至让人终身难忘。关键要引导参与者体验接受众人批评和接受众人赞美会有什么不同感受，并引导思考生活中遇到如此压力应该怎样面对。

## 08 体验负面情绪

专业目标 加深人们对负面情绪的理解，并且提高人们对负面情绪的接受度，学会合理地处理日常生活中出现的负面情绪。

**适合人群** 无特定人群。

**适宜人数** 以10—30人为宜，并且以将所有参与者分为2—3人每组为宜，当人数过多时，社会工作者要注意使用扩音设备；当人数过少时，游戏效果可能不太明显。

**建议时间** 以20—30分钟为宜。

**场地要求** 安静的室内。

**物资准备** 情景卡片。

**游戏规则**

- 参与者自由组合，2—3人一组。
- 社会工作者组织每组抽取情景卡片，每组需编排并演出一个即兴的2—4分钟的小型情景剧。
- 每组在表演时，其余的参与者进行观察，判断每组所表演出的负面情绪。
- 所有组表演结束后，社会工作者及时组织参与者进行分享和交流，并针对负面情绪的表现讨论合理的宣泄方式。

**适用说明**

- 该游戏适用于对情绪了解和掌控较弱的人群。
- 社会工作者在情景设定上需做到明确、详细并且包含多种类型，该游戏以情景剧为主，因此在对情景选择和设定上需要多加思考，情景表现的难易程度也要多加考量，以便情景剧能顺利进行。
- 社会工作者在分享讨论结束后，需对负面情绪作出专业性评价以及宣传教育，让参与者可以更深刻地理解和认识负面情绪，并学会如何宣泄负面情绪。

**社会工作者引导**

社会工作者可向其中几个表现突出的参与者进行询问：“你觉得负面情绪对你的影响大吗？你对负面情绪是否有了新的认识和理解？”“在之后，你遇到负面情绪时，你学会如何处理了吗？”可从参与者新的认识以及未来如何去做出发作为方向引导。

为师者说

青少年在成长过程中会面临许多问题，易出现负面情绪并且不会处理自己出现的负面情绪，使得整个人的状态受到极大的影响。通过情景剧形式，让青少年在轻松、有趣的形式下更好地认识自己所出现的负面情绪，并且学会如何处理自己日常生活中出现的负面情绪。

## 09 假如我是他

**专业目标** 培养小组成员的同理心，学会为他人设身处地着想，促进小组建设和发展。

**适合人群** 无特定人群。

**适宜人数** 以2—20人为宜，当人数过多时，社会工作者要注意使用扩音设备；当人数过少时，游戏效果可能不太明显。

**建议时间** 以10—20分钟为宜。

**场地要求** 空旷的场地。

**物资准备** 无。

### 游戏规则

- 社会工作者设计争执的情境。例如，儿子晚归，被父母责备而顶嘴；夫妻因为琐事发生争执等。请参与者自愿出来表演。
- 小组分为两组，分别代表不同的角色。两组先通过情景剧的方式，将情景展示出来，然后两组采用非正式的辩论，轮流发言。
- 两组交换立场再辩论一次。请表演的参与者按照自己的意愿再演一次。

### 适用说明

- 该游戏适用于小组中期出现冲突和矛盾的时候，通过情景模拟，小组成员彼此将自己的心声说出来，在一定程度上让小组成员间彼此对对方的想法和观念有一个认识，培养同理心，缓解小组之间因冲突而紧张的气氛。

- 游戏开始之前，社会工作者需要将情境提前设计好，并且社会工作者需要有较好的控场能力，避免现场混乱，也可通过音乐缓解法，适当地对小组成员进行情绪调整，避免因某些冲突言论以及个人介怀的事件引发矛盾。
- 游戏也适用于个案工作中，例如父母与孩子之间存在矛盾等情况。

**社会工作者引导**

社会工作者可向其中几个表现突出的参与者进行询问："通过这个游戏，你有什么感受和收获?""在之后，你遇到冲突时，是否学会从对方的角度思考问题?"可从参与者新的认识以及未来如何去做等方向进行引导。

**同理心**

同理心是EQ理论的专有名词，在不同场合、不同对象的运用时，又叫共感、同感、移情，又有着特指，它是指正确了解他人的感受和情绪，进而做到相互理解、关怀和情感上的融洽。

同理心是站在当事人的角度和位置上，客观地理解当事人的内心感受，且把这种理解传达给当事人的一种沟通交流方式。同理心就是将心比心，同样时间、地点、事件，而当事人换成自己，也就是设身处地去感受、去体谅他人。

# 第十一节　价值讨论类游戏

## 01 雪山奇案

**专业目标** 通过该游戏发掘参与者的创造力和想象力，提高参与意识，并且通过小组讨论的方式培养参与者的团队意识。

**适合人群** 无特定人群。

**适宜人数** 以5—10人为宜，当人数过多时，可以分组进行。

**建议时间** 以10—20分钟为宜，可以根据现场效果，适当调整游戏时间。

**场地要求** 无特定要求。

**物资准备** 纸、笔若干。

**游戏规则**

- 首先将参与者分为五人一组的小组，人数也可根据实际情况而定。
- 由社会工作者交代案情：一个男人，在雪山上一丝不挂躺着，并且已经没有了呼吸，但是周围没有任何的痕迹。
- 参与者应以小组为单位发挥想象力，讨论描述男人的死因，并且最终在纸上写上小组的最终答案。

**适用说明**

- 该游戏的适用性特别高，能够在短时间内调动参与者进行思考，提高参与活动的积极性。
- 游戏过程中，社会工作者需要注意现场的秩序，禁止参与者翻看手机违反规则。
- 社会工作者需要让参与者充分发挥自己的想象力，对于任何答案不能批评，应当给予鼓励。

• 社会工作者在游戏过程中应注意参与者的心智水平和现场的气氛，如果参与者仍然没有思路时，社会工作者可以通过回答参与者的封闭性问题的方式让参与者判断案情的起因，也就是只能说“是”或“不是”的问题。

社会工作者引导

社会工作者在游戏结束后，可以问参与者：“你们在讨论的时候，每个人都发言了吗？你们是怎样讨论雪山奇案中男人死亡的原因的？你们还有其他备选答案吗？你们是通过什么样的方式从备选方案中选出这个最终结果的？”从参与者给出的答案中引导思考个人的价值观。

游戏贴士

**创造性的答案**

一对夫妇乘坐热气球在一望无际的雪山上空探险。不幸的是，在途中热气球燃料不足，需要减轻热气球的重量。夫妇想尽办法，将一切可以扔的东西都全部扔掉，甚至包括衣服，但是这仍不能解决根本问题，最后，丈夫为了他心爱的妻子能够脱离危险，就舍弃了自己的生命，跳入雪山中身亡。

## 02 小船救援

专业目标 通过该游戏了解参与者的价值观，提高参与意识，并且通过小组讨论的方式培养参与者的团队意识。

适合人群 无特定人群。

适宜人数 以5—10人为宜，当人数过多时，可以分组进行。

建议时间 以15—20分钟为宜，可以根据现场效果，适当调整游戏时间。

场地要求 无特定要求。

物资准备 纸、笔若干。

## 游戏规则

• 首先将参与者分为五人一组的小组，人数也可根据实际情况而定。

• 由社会工作者交代案情：在一个电闪雷鸣、风雨交加的夜晚，一艘大船在大海上即将翻船，这时只有一艘能载五人的救生艇，而船上共有六人，分别是船长、医生、即将临盆的犯罪孕妇、生命垂危的民族英雄、名扬海外的科学家、即将退休的教授。

• 参与者应以小组为单位讨论应该选择哪五个人登船，并且在纸上写上小组的最终答案。然后分别向大家展示小组的最终结果，并分享原因。

## 适用说明

• 该游戏的适用性特别高，能够在短时间内调动参与者进行思考，同时通过小组的讨论过程，可以分析出小组成员的性格特征。

• 社会工作者需要让参与者充分发挥自己的想象力，注意引导参与者分享，对于任何答案不能批评，应当给予鼓励。

• 在游戏的过程中，社会工作者要注意控制游戏时间和现场秩序的维持，根据现场的气氛灵活调整游戏时间。

## 社会工作者引导

社会工作者可以根据参与者给出的答案提问：“你们为什么把某某去掉了？你们在讨论的时候首先确定救援的是哪个人？你们在哪些人之间有过纠结？请你分别说一下你们为什么认为这些人是必须要被救援的？”从参与者给出的答案中引导思考个人的价值观。

## 为师者说

该游戏具有很强的引导讨论的功能，因为没有标准答案，每个人都可以依据自己的价值判断给出一个自己的答案。在不同的答案中，引导参与者发现价值的多元性，引导参与者思考当我们遇到价值冲突的时候应该保持什么原则，是相互否定还是相互尊重？

## 03 家人抉择

**专业目标** 通过游戏的方式帮助参与者按照自己内心的想法将家人排序，从中发现参与者的真实家庭状况，寻找对参与者影响最深的家人，并且通过小组讨论的方式培养参与者的团队意识。

**适合人群** 无特定人群。

**适宜人数** 以 5—10 人为宜，当人数过多时，可以分组进行。

**建议时间** 以 15—30 分钟为宜，可以根据现场效果，适当调整游戏时间。

**场地要求** 安静的室内。

**物资准备** 纸、笔若干。

**游戏规则**

- 首先将参与者分为五人一组的小组，每组人数也可根据实际情况而定，5—10 人为宜。
- 由社会工作者交代案情：有一天，你和你的家人来到了野外旅行，你们住在一个破旧的茅草屋里，周围荒无人烟，这天夜里，茅草屋突然开始着火，而你的家人却被浓烟熏昏迷了，只有你清醒着，你身边没有任何通信设备，如果你把家人一个一个从火海里拖出来，你会先救谁，请将排序写在纸上。只考虑救人顺序，不考虑其他外界因素。
- 小组讨论后，将结果写在纸上，并分享这样写的原因。

**适用说明**

- 该游戏的适用性特别高，能够在短时间内调动参与者进行思考，同时通过小组讨论的过程，可以分析出小组成员们与各自家庭成员的亲疏关系。
- 社会工作者需要注意引导参与者分享，对于任何分享不能批评，应当给予鼓励，同时在进行游戏时可以根据实际情况选择家庭成员的数量。
- 在游戏的过程中，社会工作者要注意控制时间和现场秩序的维持，根据现场的气氛灵活调整游戏时间。

社会工作者引导

社会工作者可以根据参与者给出的答案提问："你为什么把某某放在最后去救呢？你在讨论的时候首先确定救援的是哪位家人？你在哪些家人之间有过纠结？"从参与者给出的答案中引导思考个人的家庭关系。

为师者说

此游戏过程中，参与者往往会陷入沉思，难以抉择。其实排序的过程就是与家人加深连接的过程，引导参与者体会亲情的可贵，并珍惜身边的家人。当难以决断时，参与者也会产生情绪问题，社会工作者注意观察参与者表情的变化，适时引导其说出感受。社会工作游戏的目标不是是否完成游戏，而是要通过游戏环节的设置，触动参与者的感受和思考。

## 04 我还能做什么？

**专业目标** 创新的一个关键性前提就是要打破旧有思维的约束，在本游戏中，通过参与者共同的讨论，发掘他们自己没有认识到的能力，帮助参与者重新审视他们的能力。

**适合人群** 无特定人群。

**适宜人数** 游戏人数不限。

**建议时间** 以15—20分钟为宜，可以根据现场效果，适当调整游戏时间。

**场地要求** 安静的室内。

**物资准备** 纸和笔若干。

游戏规则

- 社会工作者问大家：你能做什么？你的能力在哪里？
- 社会工作者主持人可以参考以下题目，请参与者在空白纸上填写：

1. 请在纸上列出你曾经成功完成的工作，并列出完成这项工作所需要的技能有哪些。

2. 再想想你平时常常从事的活动，列出这些活动所需要的技能，继续扩充你的技能表。

3. 请回想一个你在工作中所获得的经验并与你旁边的参与者分享，分析在此经验中显现出你的哪些能力，把它列出来。

- 将参与者分为 4 人一组，分享彼此所列的能力表，同时互相讨论与这些能力有关的职业有哪些。

适用说明

- 在游戏的最后，社会工作者告诉大家每个人都有自己的闪光点，切勿妄自菲薄，轻视自己的能力。
- 在游戏之前，社会工作者可以通过提问积极地引导参与者思考，为游戏奠定基础，避免出现僵局。
- 通过小组讨论的方式进行游戏，加深小组成员之间的认识，提高小组成员的自信心。

社会工作者引导

在游戏之前，社会工作者可以通过积极的引导，扩展参与者的思维，让参与者从多方面思考，为游戏奠定基础，避免出现僵局。在游戏分享阶段，社会工作者在引导参与者分享时，可以询问："你在纸上写了许多，你能和大家分享一下吗？""你除了纸上写的还觉得自己在哪方面有特长，比如生活小技巧方面？""你以前有发现过自己的这些价值吗？当你发现后你有什么感受？"注重引导参与者挖掘自己以前没有注意到的价值。

游戏贴士

**参与者分享**

| 我曾经成功完成的工作 | 这项工作所需技能 |
|---|---|
| 在一家面包店做销售员 | 销售技巧、收银技能、沟通技巧等 |
| 在一家社会工作服务机构做助理社会工作师 | 扎实全面的社会工作专业知识和技能、一般行政技能等 |

续表

| 我曾经成功完成的工作 | 这项工作所需技能 |
|---|---|
| 给小朋友和他们的家长上亲子早教课 | 基本的早教知识和技能、灵活的授课技巧、富有亲和力的良好的语言表达能力、创造性思维能力等 |
| 社会经济综合调查问卷调查员 | 灵活、清晰的语言表达能力、逻辑思维迅速转换技能、时间把控技能、良好的人际交往技能等 |
| 就业助理员 | 敏锐的信息匹配技能、到位的上传下达技能、良好的计算机基础软件操作技能等 |
| **我常常从事的活动** | **这些活动所需要的技能** |
| 主持活动 | 播音主持技能、随机应变和临场发挥的技能、活跃气氛的技能等 |
| 网络美食评比活动 | 烹饪技能、创意等 |
| 摄影大赛 | 发现美的技能、摄影技能、创意等 |
| **我的高峰体验（意指很快乐、很感动的一刻）** | **在这次体验中我所显示的能力** |
| 第一次在社区举办亲子早教活动，并成功吸引 70 人参与 | 快速学以致用的能力、调动群众的能力、临危不乱的能力、扎实的主持功底、亲和力等 |

## 05 价值观拍卖会

**专业目标** 通过该游戏帮助参与者了解价值观的分类，澄清自身的价值取向，反思价值观对行动的影响，并且通过小组讨论的方式培养参与者的参与意识和团队意识。

**适合人群** 无特定人群。

**适宜人数** 以 5—30 人为宜，当人数过多时，可以分组进行，社会工作者要注意使用扩音设备。

**建议时间** 以 30—40 分钟为宜，可以根据现场效果，适当调整游戏时间。

**场地要求** 安静的室内。

**物资准备** 供讨论、书写的桌椅若干，价值观项目表若干，可填写金额的空白代金券若干，笔若干。

**游戏规则**

● 首先将参与者分为五人一组的小组，人数也可根据实际情况而定。每个小组每人发一张“价值观项目表”（见游戏贴士），另外每个小组再发一张用于小组最终竞拍的“价值观项目表”以及可填写金额的空白代金券若干、笔若干。

● 由社会工作者交代游戏背景：若 10000 元代表你一生的所有时间和精力，你会花多少钱来买“价值列表”的哪些项目？给每个小组 10—15 分钟，让每个人在自己的表上进行估算，并进行小组讨论确定小组最终关于“价值观项目表”的预算。

● 社会工作者提醒每个小组做好小组分工，如小组组长、小组财务员、小组发言人等。

● 经过小组讨论后，由社会工作者/主持人将“价值观项目表”上的项目进行拍卖。

拍卖规则：

1. 每个小组手中有 10000 元，它代表人一生的所有时间和精力，小组可以根据讨论结果用 10000 元对“价值观项目表”里的项目竞拍。

2. 每样东西底价是 1000 元，每次加价都以 500 元为单位，第一次叫价不可多于 2000 元，每次叫价后有两次加价的机会，第三次无人应价则成交。

● 拍卖结束后，社会工作者/主持人进行引导分享。

**适用说明**

● 该游戏的适用性特别高，能够在短时间内调动参与者进行思考和讨论，帮助参与者了解价值观的分类，澄清自身的价值取向。

● 游戏过程中，社会工作者需要注意现场的秩序并加强引导，防止组员以及小组之间出现激烈的矛盾。

● 该游戏同时也属于讨论类游戏，通过小组讨论的方式进行游戏，加深小组成员之间的认识，提高小组成员的自信心。

● 社会工作者需要让参与者充分思考和讨论。对于任何思考和讨论的结果不能批评，应当给予鼓励。

## 社会工作者引导

社会工作者在游戏结束后，可以问参与者："你们小组在讨论的时候，每个人都发言了吗？你们是怎样讨论的？""你们小组购买了哪些项目，为什么要购买它？除了它，你们小组还想要买什么？""通过这个游戏，你有什么感受和收获？""在小组讨论前后，你个人的价值观项目表跟小组最终的价值观项目表差距大吗？你认同小组的拍卖结果吗？为什么？"社会工作者要注重引导参与者对自身价值观和小组讨论过程所反映出的内容进行思考。

## 游戏贴士

**价值清单**

| 项目 | 选择次序 | 预算金额 | 实付金额 |
|---|---|---|---|
| 1. 拥有幸福美满的家庭 | | | |
| 2. 拥有知心朋友 | | | |
| 3. 一段刻骨铭心的爱情 | | | |
| 4. 健康的身体 | | | |
| 5. 成为世界上最聪明的人 | | | |
| 6. 美貌出众，引人注目的人 | | | |
| 7. 周游世界 | | | |
| 8. 考入理想的大学 | | | |
| 9. 成为世界上最富有的人 | | | |
| 10. 成为事业有成的成功人士 | | | |
| 11. 成为心理健康快乐的人 | | | |
| 12. 成为自由的人 | | | |
| 13. 成为助人为乐的人 | | | |
| 14. 成为诚实的人 | | | |
| 15. 长命百岁 | | | |
| 16. 成为万人敬仰的名人 | | | |
| （可根据情况自行加减） | | | |

## 06 价值阶梯

**专业目标** 通过该游戏帮助参与者澄清自身的价值取向，反思价值观对行动的影响。

**适合人群** 无特定人群。

**适宜人数** 以5—30人为宜，当人数过多时，可以分组依次进行，社会工作者要注意使用扩音设备。

**建议时间** 以20分钟为宜，可以根据现场效果，适当调整游戏时间。

**场地要求** 空旷安静的场地。

**物资准备** 桌椅若干、纸、笔若干。

**游戏规则**

• 请参与者按照个人想法，把不同事物依优先次序排列成阶梯。如下列8件事即可让参与者来排列：

A. 提高学业成绩或工作效率。

B. 结交更多朋友。

C. 学习改变自己。

D. 改变世界，使它成为更适合人类居住的地方。

E. 别人告诉我，我的行为如何，作为瑕疵行为的依据。

F. 使自己更可靠、更开放、更信赖他人。

G. 生活得更充实。

H. 使自己的脾气能“化愤怒为力量”，做些有益的事情。

• 社会工作者在地上画出8个等次范围，让参与者依个人之优先次序站在相符的范围。例如，组长说“想生活得更充实”，认同其价值观的组员便根据自己的价值排列，站到范围内，用此机会环顾左右看看别人站在什么地方，互相交换意见，以及说明何以如此排序的理由。

**适用说明**

• 该游戏的适用性特别高，能够在短时间内调动参与者进行思考和讨论，通过该游戏帮助参与者澄清自身的价值取向，反思价值观对行动的影响。帮助社会工作者了解参与者的价值观念，从而开展更有针对性的工作。

● 游戏过程中，社会工作者需要注意现场的秩序并加强引导。

● 该游戏同时也属于讨论类游戏，通过讨论的方式进行游戏，加深参与者之间的认识。

● 社会工作者需要让参与者充分思考和讨论。对于选择的结果不能批评，应当给予鼓励。

社会工作者引导

社会工作者在游戏结束后，可以问参与者："你为什么把××放在第一个等次/最后一个等次？""通过刚才的游戏过程，你有什么感受和收获？""你们都把××放在这个等次，通过讨论，能不能说说你们之间的共同点？""通过这个游戏，你有没有对自己和其他参与者有了更进一步的了解？"社会工作者要注重引导参与者对自身价值观和小组讨论过程所反映出的内容进行思考。

参与者说

通过游戏，我发现了参与者中跟自己价值观相仿、志同道合的人，也发现了价值观和自己偏差很大的人。通过讨论，我也发现了自己作出的许多选择和自己的日常时间安排等都深受价值观的影响。我觉得我们每个人都应该每过一段时间作一次自我的价值澄清，我们最在意的哪些人和事情，我们是否在他们身上花费了足够的时间和精力，我们不在意的那些，我们是否又在他们身上浪费了过多时间和精力。

## 07 人性图

专业目标 通过该游戏帮助参与者进行人性思考、反思生活点滴，并且通过讨论的方式培养参与者的参与意识。帮助社会工作者了解参与者的思想观念和性格特征，从而开展更有针对性的工作。

**适合人群** 无特定人群。

**适宜人数** 以5—30人为宜，当人数过多时，可以分组进行，社会工作者要注意使用扩音设备。

**建议时间** 以30分钟为宜，可以根据现场效果，适当调整游戏时间。

**场地要求** 安静的室内。

**物资准备** 无。

### 游戏规则

- 将参与者按人数分为若干讨论小组，每组发一张能引人深思和讨论的人性图（见附图）。
- 每个小组根据自己小组拿到的图片进行思考和讨论（10—15分钟），如：每个小组成员认为这张图表达的是什么、给人们什么启示。每个小组成员通过这张图能够联想到自身经历的、看过的、听过的哪些事情等。
- 小组讨论过后，由小组派出代表向其他人展示各自小组的人性图，并阐述其内涵和给人的启示。
- 社会工作者引导分享。

### 适用说明

- 该游戏的适用性特别高，能够在短时间内调动参与者进行思考和讨论，帮助其进行人性思考、反思生活点滴。帮助社会工作者了解参与者的思想观念和性格特征，从而开展更有针对性的工作。
- 游戏过程中，社会工作者需要注意现场的秩序，对于没有思路或者不积极讨论的小组进行引导。
- 通过讨论的方式进行游戏，加深参与者之间的认识。
- 社会工作者需要让参与者充分思考和讨论。对于讨论的结果不能批评，应当给予鼓励。

### 社会工作者引导

社会工作者在游戏结束后，可以问参与者："通过这张图，你想到了什么，能跟大家分享一下吗？""通过刚才的游戏过程，你有什么感受和收获？""你同意你们小组的讨论结果吗？为什么？""通过这个游戏，你有没有对自己和其他参与者有了更进一步的了解?”社会工作者要注重引导参与者把人性图反映的内容和自身的想法、生活进行联想、思考。

示例漫画

# 第十二节 评价反馈类游戏

## 01 心灵温度计

**专业目标** 测量小组组内气氛以及组员的满意度，以游戏的方式了解组员对小组的评价以及小组现阶段氛围的感受。

**适合人群** 无特定人群。

**适宜人数** 无限制。

**建议时间** 以1—2分钟为宜，可根据现场效果，适当调整游戏时间。

**场地需求** 无特定要求。

**物资准备** 无。

**游戏规则**

● 游戏开始，社会工作者说："天气预报能大致准确地预测当天气温，今天请大家用你的心灵测量现阶段小组的温度。"

● 请每个组员给小组一个你用心感觉到的摄氏度度数，可以是零摄氏度或沸点等，并分享原因。

**适用说明**

● 当小组活动中遇到冲突以及组员陷入两难困境并且组员的热情和情绪不稳定时，可通过该游戏对小组现阶段的情况有一定的了解，通过交流和分享，及时解决当前阶段小组出现的问题，使小组可以进一步顺利进入成熟、和谐阶段。

● 心灵温度计评价结束后，社会工作者应及时组织小组内进行交流和分享，探寻现阶段小组出现的问题，以及如何解决问题的对策。

• 该游戏也适用于对一个游戏、活动或者对组长的评价，根据心灵温度计进行评分，能更好地认识自己以及游戏、活动的效果。

**社会工作者引导**

社会工作者可以引导参与者思考并分享如下几个问题："你为什么会给出这样的温度？""你认为当下所面临的主要问题是什么？""针对这些问题你有什么很好的建议吗？"

**游戏贴士**

为表达直观，准确判断参与者的评价分数，可以建立一些规则：如双手举过头顶是100摄氏度，双手放头顶是90摄氏度，双手放下巴处是80摄氏度，双手放肚子处是70摄氏度，双手自然垂下是60摄氏度，双手再往下放是不到60摄氏度。

## 02 金玉良言

**专业目标** 使参与者能更加充分地了解他人对自己的评价，从而更加全面地认识自己。

**适合人群** 相互之间较为熟悉有一定了解的人群。

**适宜人数** 无限制。

**建议时间** 以20—30分钟为宜，可根据现场效果，适当调整游戏时间。

**场地要求** 无特定要求。

**物资准备** 便利贴、签字笔若干。

**游戏规则**

• 社会工作者为每一个参与者分发一支笔与足够数量的便利贴。给参与者10分钟的时间，让参与者在便利贴上写出对其他人的评价或祝福。

• 所有参与者都写完之后，将手中的便利贴贴到评价对象的背后。

• 参与者认真阅读他人对自己的评价后进行分享讨论。

**适用说明**

• 在写便利贴的过程中，社会工作者应提醒参与者认真思考，写出自己最想说的评价与祝福。

• 该活动适用于小组工作进行到中后期，小组成员相互之间都较为了解的阶段。

**社会工作者引导**

在讨论分享环节中，社会工作者可以通过提出如下问题引导参与者进行分享："你认为别人对你的评价是否中肯？""在你收到的评价或祝福中你认为哪些是最有价值的？""有没有便利贴上没有写到但是你还是很想说出来的话？比如哪些？"

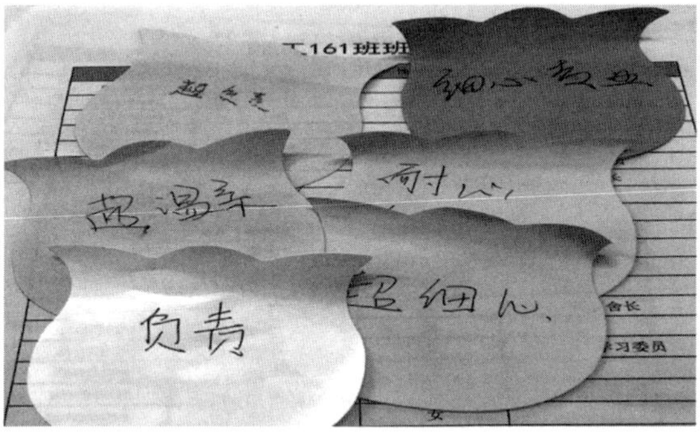


图片来源：青岛理工大学2016级社会工作专业学生　课堂技能训练

## 03 戴高帽

**专业目标** 使参与者学习发现并欣赏他人的优点，促进小组成员之间的相互肯定与接纳，提高参与者的自信心。

**适合人群** 处于小组活动中的成员。

**适宜人数** 无限制，视小组内具体人数而定。

**建议时间** 以20分钟左右为宜，可根据现场效果，适当调整游戏时间。

**场地要求** 室内环境。

**物资准备** 椅子若干。

**游戏规则**

●选取一名参与者坐在中间，其他全部参与者对他进行赞美，或语言或动作，赞美方式由参与者自己决定。被赞美者可以给出一定回应，双方进行互动。

●赞美结束后被赞美者进行分享，哪些优点是自己本身就知道的，哪些优点是自己从未注意到的。

**适用说明**

●在赞美过程中，参与者的语言尽量简单，赞美必须真诚，符合实际。

●该游戏从规则上刚开始可能比较难理解，所以需要社会工作者的详细讲解和动作示范。

●该游戏尤其适用于在小组活动中比较自卑的组员，通过轮番的赞美使其找到自信，从而更好地融入小组活动中。

**社会工作者引导**

分享环节中，社会工作者可以针对赞美者和被赞美者提出不同的问题。对于赞美者，社会工作者可以询问："你对某某的赞美是发自肺腑的吗？当你赞美他的时候你自己是不是也感到愉快呢？"以此来拉近赞美者与被赞美者之间的关系，强化赞美者的优点。对于被赞美者，社会工作者可以询问："当大家都在赞美你的时候你有何感觉呢？在被大家赞美的过程中你有没有发现自己更多的优点？你认为现在大家对你的态度都是怎样的？"以此来增强被赞美者的自信心，提高其对团体的归属感。

**游戏贴士**

"优势视角"是一种关注人的内在力量和优势资源的视角。意味着应当把人们及其环境中的优势和资源作为社会工作助人过程中所关注的焦点，而非关注其问题和病理。优势视角基于这样一种信念即个人所具备的能力及其内部资源允许他们能够有效地应对生活中的挑战。

## 04 甩掉你的缺点，放下我的偏见

**专业目标** 让游戏参与者正确认识自我缺点并改正，引人深思，帮助游戏参与者更好地认知自我并成长；同时给参与者机会向大家解释自己不认同的其他人定义自己的缺点，得到其他成员的认可或使其放下偏见。

**适合人群** 想要认知自我缺点的人以及认为团队内对自己有很大的偏见想要澄清的人。

**适宜人数** 7 人一组，总人数无限制。

**建议时间** 以每组 15 分钟左右为宜，可根据现场情况，适当调整游戏时间。

**场地要求** 无特定要求。

**物资准备** 便利贴若干、签字笔 6 支、眼罩 1 个、绳子 1 捆。

**游戏规则**

- 用绳子在地面上圈出一个圆圈，圆圈直径要稍大一点。通过自愿报名方式，选择出 1 名参与者站在圆圈里。
- 剩下的 6 名参与者每人分发一定数量的便利贴，在每一张便利贴上写上自己认为站在圆圈内参与者的一个缺点。
- 社会工作者给站在圆圈内的参与者戴上眼罩，其余 6 名参与者沿着圆圈站好。顺时针依次发言，每说完一个缺点对应的就往圆圈内参与者身上贴一张便利贴。
- 两轮发言结束后，圆圈内参与者摘下眼罩，简要说明一下自己的感受，或者对自己不认同的缺点作出解释。社会工作者播放音乐，圆圈内的参与者伴随音乐节奏将身上的便利贴统统甩掉。最后走出圆圈，代表与自己身上的缺点告别。

**适用说明**

- 该游戏参与情况有限，仅局限于彼此之间关系比较熟悉的参与者，游戏效果会比较好。

- 该游戏对于想要认识到自我存在的缺点并想改正的人群最为适用，对于他们来说能起到更好的活动效果。
- 如果出现参与者不认同的情况，社会工作者要给予圆圈内参与者解释缺点的机会，但要避免讲缺点的人和被讲缺点的人之间出现讨论、争执。要注意游戏的目的是帮助参与者更好地认知自身的缺点，从而改正缺点，实现成长；同时给参与者机会向大家解释自己不认同的其他人定义自己的缺点，得到其他成员的认可或使其放下偏见。

**社会工作者引导**

社会工作者可以通过采访站在圆圈内的参与者："当你听到别人说你的缺点的时候，你的感受如何？这些缺点中有没有相互矛盾的地方？现在你有没有正确认识到自己的缺点？你相信这些缺点都是可以改变的吗？"帮助他正确地认识到自己存在的缺点和不足。当参与者甩掉自己身上的便利贴时，社会工作者可以询问参与者："便利贴全部都离开你的身上了，你有信心把这些缺点改正吗？未来你会如何做呢？"

**参与者说**

这个游戏像是给我打了一剂强心针，让我有了改正缺点的动力。和我一起参加游戏的是我们宿舍的6位舍友，也是在学校里最了解我的人，别看我们之间平时没什么矛盾，但是大家往往是最直接接触彼此缺点的人。大家真诚地说出了我身上的一些缺点，有些是我已经意识到想要改正的，有些甚至我自己都没有察觉到，这对我很有帮助，也改善了我们彼此的关系。

## 05 优点与缺点

**专业目标** 让每个参与者在无任何威胁的情况下，对其他人的优点与缺点进行评点，每个参与者之间相互反馈自己在成员眼中的优点与缺点，从而让参与者能够更好地认识自己。

**适合人群** 该游戏适用于同一组或一同工作的，或者团队中互相了解的成员。

**适宜人数** 无特殊要求。

**建议时间** 以 10—30 分钟为宜，可以根据现场效果，适当调整游戏时间。

**场地要求** 安静的室内。

**物资准备** 若干张“优点与缺点”表格，每人一支签字笔。

**游戏规则**

- 社会工作者给每个人分发一张“优点与缺点”表格，并告诉他们为其他人至少写出一条优点或缺点的评语。
- 收集每张问卷，混合在一起并对每一个参与者念出写给他们的意见，社会工作者首先要从该参与者的名字念起。

**适用说明**

- 要重视最后的谈论反馈环节。
- 该活动尤其适用于小组工作中后期，让小组成员更加了解同伴们对自己的评价。

**社会工作者引导**

在讨论分享环节中，社会工作者可以通过提出如下问题引导参与者进行分享：“你认为别人对你的评价是否中肯？”“在别人对你的评价中有没有相互矛盾的地方？你是怎么认识的呢？”“在你收到的优点或缺点评价中你认为哪些是最有价值的？”“未来你打算如何对待你的这些优点和缺点？”

**为师者说**

该游戏是为了让参与者客观全面认识自我，社会工作者在引导中要做到价值中立，不带评判地看待别人的缺点，引导参与者接纳自我，这样才能直面缺点，勇于改正。

## 06 收获树

**专业目标** 通过游戏回顾和反思，在小组的整个活动期间，发现自己的成长变化，对小组其他成员对自己的帮助表示感谢。

**适合人群** 无特定人群。

**适宜人数** 以10—40人为宜，当人数过多时，社会工作者要注意使用扩音设备，保证游戏的安全性；当人数过少时，游戏效果可能不太明显。

**建议时间** 以10—15分钟为宜，可以根据现场效果，适当调整游戏时间。

**场地要求** 安静的室内。

**物资准备** 便利贴若干。

### 游戏规则

• 社会工作者向小组成员每人分发两张便利贴，小组成员可以在便利贴上留下经过此次小组活动自己的成长和小组其他成员对自己的帮助或者表达自己对小组其他成员的感谢等。

### 适用说明

• 该游戏之前需要社会工作者进行工作总结，引导小组进行情感交流。同时社会工作者在活动进行时需要控制好现场的秩序，使活动在一个良好的气氛中进行。

• 游戏适合在小组后期进行，当小组活动即将结束时，表达对小组的感谢以及总结自己在这个阶段的收获和成长。

• 游戏过程中，社会工作者需要注意观察每名小组成员的神态，不能因为时间的原因放弃任何一名小组成员，确保让每名小组成员都感受到被尊重。

### 社会工作者引导

在游戏结束后，社会工作者可以通过朗读收获树上面的内容引导大家说出自己的内心感受。社会工作者可以说：“通过游戏，你觉得自己最大的收获是什么?”“收获树上你收到了很多人的感谢，你的感受是什么，你想对他们说什么?”“通过这个小组活动你认为自己最大的改变是什么或者你看到的改变最大的小组成员是谁，他是怎么改变的?”

图片来源：青岛理工大学 2016 级社会工作专业学生 课堂技能训练

# 后 记

社会工作是一个务实性、操作性的专业，有着一套完整的从理念、理论到方法、技巧的知识体系。实务技巧是传递社会工作服务的“最后一厘米”，也体现了社会工作专业性所在。社会工作游戏作为一项必备的社会工作实务技巧，与日常生活中常见的娱乐性游戏不同。社会工作游戏的实施路径是通过社会工作者与服务对象游戏互动的过程，打开服务对象心扉，传递正向理念，引发服务对象思考，协助其反思成长。使用游戏的目的在于，用游戏的多样性和趣味性营造出愉悦的氛围，从而潜移默化地给服务对象带来思想和行为的改变。也就是说，游戏是手段而不是目的。然而目前市面上没有系统地介绍社会工作游戏的书籍，从而给一线的社会工作者带来游戏选择和使用的困难。基于这样的实际，作者意识到错误的游戏使用可能给社会工作带来专业不认同甚至专业危机，所以从多年的教学和实践中，通过对收集整理、课堂练习、实践应用、专业修改等多个环节的摸索，提炼成这样一本社会工作游戏集。这里面不仅是社会工作游戏的简单介绍，还特别添加了如何通过游戏环节引导服务对象思考，进而达到助人的专业目标，彰显社会工作的专业性。

全书的章节安排有如下考虑：第一、二章界定了社会工作游戏的概念，明确了社会工作游戏的地位和价值，让读者可以对社会工作游戏形成准确无误的认识。第三章到第四章从实际使用者的角度出发，做了类型的划分。每一章的安排既包括游戏使用的基本信息，即名称、目的、时间、地点、对象、物资七个基本要素的规定，也包括对核心内容，即第八项游戏规则的清楚介绍。同时，为了让使用游戏的读者能够更加全面地了解和掌握游戏规则，还添加了第九项，即对游戏使用的适用性说明。最重要的是第十项，即社会工作者如何运用游戏引导服务对象进行深度思考和感受分享，通过提示性问题做了举例说明。这就让游戏使用者能够明确社会工作游戏的目的，将参与者引向专业目标。与此同时，为了增加可读性和感官认识，作者还在每个游戏最后增加了“为师者说、参与者说、游戏贴士、社会工作者日记、漫画示例、实践照片”等案例资料，目的是让有过实践体验的老师、社会工作专业学生或者服务对象将参与游戏的经验分享出来，增加读者的直观认识。

本书的写作过程是一个艰难的过程。一方面不仅需要对各类游戏进行甄别选择，并从专业角度对游戏进行梳理和改造，形成区别于一般游戏的专业特征。另一方面还要站在使用者的角度，对社会工作游戏如何带领进行说明，社会工作游戏需要灵活应用，结合当下情景和专业目标，将社会工作游戏化为使用元素，自由排列组合，创新性应用，这是社会工作游戏的高难度动作，也是社会工作的专业性体现。这对游戏使用者提出了较高的要求。

此书的完成不仅依赖于以往多年的经验积累和个人对游戏专业性的思考总结，还与参与社会工作游戏实践与分享的学生的努力密不可分。特别是自2015年我在青岛理工大学开设《社工实务综合技巧》这门课程以来，社会工作专业2013级、2014级、2015级、2016级学生积极参与了课堂练习和课下实践，分享了宝贵的游戏使用体验，在教学的不断实践和探索中也让我完善了对社会工作游戏专业性和使用价值的思考。其中2015级的贺奥丽、王鸿儒、刘力铭、贾濡菲同学还参与了部分材料收集、整理和校对工作，2016级的绳灵波同学提供了漫画示例，在此一并表示感谢。对于在出版此书过程中提出诸多建议的同行和领导表示由衷的感谢。

愿此书为奋斗在一线的社会工作者和有需要的人提供可靠的帮助，也期待读者提出宝贵意见，我将尽我所能，将专业努力点滴汇聚成河，助社会工作专业服务落地生花！